Introducción a la Informática
Edición 2012

ANA MARTOS RUBIO

ANAYA
MULTIMEDIA

Responsable editorial:

Víctor Manuel Ruiz Calderón

Susana Krahe Pérez-Rubín

Diseño de cubierta:

Cecilia Poza Melero

Edición española:

© EDICIONES ANAYA MULTIMEDIA
  (GRUPO ANAYA, S.A.), 2011
  Juan Ignacio Luca de Tena, 15.
  28027, Madrid
  Depósito legal: M.14.322-2011
  ISBN: 978-84-415-2941-0
  Printed in Spain
  Imprime: Gráficas Muriel, S.A.

Índice

INTRODUCCIÓN

Si usted ha decidido abordar el mundo de la informática y acercarse al ordenador sin pasar por lecciones largas ni ejercicios complicados ni lenguaje ininteligible, este es el libro que necesita.

Con él aprenderá de una forma sumamente sencilla y cómoda todo lo que puede hacer con un ordenador. Más adelante, si lo desea, podrá profundizar en los distintos recursos que la informática ofrece, pero con este libro conseguirá ya iniciarse sin complicaciones y aproximarse a las tecnologías de la información con explicaciones cortas, claras y concisas y con ejercicios fáciles de seguir y muy ilustrativos.

No es un libro para leer, sino para mantenerlo abierto junto al ordenador y seguir paso a paso sus enseñanzas, sus indicaciones y sus sugerencias. Sígalo sin prisas, repitiendo lo necesario o saltando lo innecesario. Pronto sentirá despertar su interés hacia temas determinados de los que querrá saber más.

UNA MIRADA AL ORDENADOR

QUÉ ES UN ORDENADOR

Un ordenador es una máquina electrónica que tiene la capacidad de interpretar instrucciones y resolver problemas aritméticos y lógicos, para lo cual utiliza programas informáticos que ejecuta de forma automática.

EL HARDWARE Y EL SOFTWARE

El ordenador está formado por dos partes fundamentales: el hardware y el software.

El hardware

La parte física del ordenador se denomina hardware, una palabra inglesa que se podría traducir por materia. El hardware es todo lo que se ve y se toca en un ordenador. La caja o carcasa, las tarjetas, los cables, la pantalla, la impresora, etc.

Figura 1.1. El hardware es la parte física del ordenador, lo tangible.

Pero el hardware no es capaz de funcionar ni realizar trabajo alguno. Precisa la animación que recibe de un conjunto de programas llamado software.

El software

La parte no física del ordenador, la que lo anima y le hace funcionar, se denomina software, una palabra inglesa que se podría traducir por lógica. Está comprendida en diversos programas que son conjuntos de instrucciones que rigen el funcionamiento de la máquina. El software es el conjunto de programas que convierten la materia inanimada del ordenador en una máquina operativa.

Esa parte lógica intangible que hace funcionar el ordenador, el software, se almacena de forma electrónica en diferentes soportes físicos como discos, tarjetas o lápices de memoria.

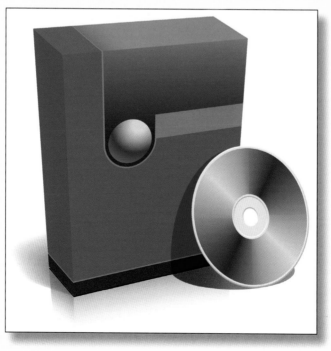

Figura 1.2. El software es la parte intangible del ordenador, lo que le hace funcionar.

PARTES DEL ORDENADOR

Básicamente, el ordenador está formado por la unidad central y los periféricos.

- La unidad central. Su cometido es llevar a cabo las funciones de proceso y de cálculo, ejecutando las instrucciones contenidas en los programas e introducidas a través de los dispositivos de entrada.

Figura 1.3. La unidad central realiza las funciones de proceso y de cálculo.

- Los periféricos. Se subdividen a su vez en:
  - Elementos de entrada. Son los dispositivos que permiten introducir información en el ordenador, como el teclado, el ratón o el micrófono.
  - Elementos de salida y almacenamiento. Son los dispositivos que el ordenador utiliza para mostrar o almacenar los resultados de los procesos realizados, como la pantalla, la impresora o el disco duro.

Figura 1.4. El teclado es un elemento de entrada, por el que se puede introducir información en el ordenador. La pantalla es un elemento de salida, por el que el ordenador muestra los resultados.

Un par de dispositivos típicos de entrada y salida de información son el micrófono y los altavoces. El micrófono permite introducir en el ordenador información en forma de sonidos. Los altavoces son los dispositivos de salida de información sonora, por los que el ordenador comunica el resultado de un proceso, por ejemplo, el resultado de la grabación de voz realizada con el micrófono.

Figura 1.5. El micrófono es un periférico de entrada. Los altavoces son periféricos de salida.

LA ELECCIÓN DEL ORDENADOR

A la hora de adquirir un ordenador, conviene tener en cuenta los factores siguientes:

- La utilización. Los ordenadores son muy diferentes en cuanto a potencia, prestaciones, etc. Por ello es importante decidir previamente el uso que se va a dar al aparato antes de adquirirlo y hacerlo saber al vendedor, para que éste pueda asesorarnos de forma conveniente. Por ejemplo, un ordenador de media potencia es suficiente para trabajar con textos, cálculos, imágenes o para conectarse a Internet, pero puede ser insuficiente para utilizar videojuegos. Los modernos ultraportátiles, pequeños y económicos también llamados *nettops*, son útiles para conectarse a Internet y trasladarlos con facilidad, pero, en cambio, su pequeña pantalla dificulta la visión y su capacidad de almacenamiento es sumamente reducida a la hora de instalar programas.

- La movilidad. Si se va a emplear, por ejemplo, para ocio audiovisual, un ordenador portátil es más fácil de trasladar para conectarlo a otros aparatos, como el televisor, o bien para transportar presentaciones de fotografías, vídeos, etc. Todo ello, siempre que no pese más de dos kilos. Sin embargo, el ordenador de sobremesa es más cómodo de manejar en cuanto a ergonomía y también más sólido, al no estar expuesto a traslados.

- Las necesidades de ampliación. A medida que se utiliza, el ordenador puede quedar pequeño o corto para determinadas funciones. Es más fácil adaptar nuevos dispositivos a un ordenador de sobremesa que a un portátil. Los portátiles son más cerrados y menos flexibles y no resulta fácil ampliarlos. Lo mismo sucede a la hora de repararlos. Una avería en un portátil supone reparar el ordenador completo, mientras que, en uno de sobremesa, es posible casi siempre reparar la parte averiada.

Figura 1.6. Los ordenadores portátiles son fáciles de trasladar y ocupan poco espacio. A cambio, son menos ergonómicos y flexibles que los de sobremesa.

CONECTE LOS ELEMENTOS DEL ORDENADOR

Una de las características de los componentes del ordenador es que sus conexiones son siempre precisas, es decir, cada componente debe alojarse en el lugar exacto en el que tiene cabida. Cada conector macho se corresponde exactamente con un conector hembra, de manera que no es fácil equivocarse a la hora de instalarlos. Simplemente hay que observar una regla de oro: si no cabe, ése no es su lugar.

Figura 1.7. La parte trasera del ordenador contiene todos los conectores o puertos necesarios para insertar los periféricos.

Los puertos

El ordenador, generalmente en su parte trasera, contiene diversas conexiones llamadas puertos. Se llama puertos a los conectores externos que enlazan con distintos dispositivos, equipos o líneas. Su nombre se debe a que dan entrada o salida a la información. Sin embargo, a la hora de conectar un elemento al ordenador, no es necesario considerar si el puerto es de entrada o de salida, sino únicamente conectarlo al lugar adecuado que es aquel en el que tiene cabida exacta.

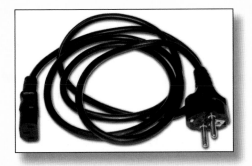

Figura 1.8. El cable que conecta el ordenador a la red eléctrica tiene una única posibilidad de conexión al ordenador.

PRÁCTICA:

Observe, por ejemplo, el conector del cable que enlaza el ordenador a la red eléctrica. Puede verlo en la figura 1.8. Tiene una forma precisa, hexagonal, y tres ranuras que corresponden exactamente a la conexión macho del ordenador, situada en la parte trasera del equipo. Esta conexión tiene forma hexagonal y tres patas a insertar en las tres hendeduras del conector.

Por tanto, el cable que conecta el ordenador a la red tiene una única postura. En su otro extremo hay una clavija a enchufar en un enchufe de corriente eléctrica.

Si el ordenador está encendido, no desconecte el cable. Revíselo cuando lo haya apagado. Vea en el capítulo 2 la forma de apagar el ordenador sin riesgo.

Lo importante es insertar correctamente todos los conectores de forma que las clavijas hagan contacto. De lo contrario, el equipo no detectará la existencia del dispositivo conectado incorrectamente. Si encuentra dificultad en insertar un conector, no lo fuerce. Compruebe que lo está colocando de forma correcta y que no está girado o torcido. Si no es posible insertarlo, es que ése no es su sitio.

Figura 1.9. El conector de la pantalla tiene su entrada exacta en la parte trasera del ordenador.

PRÁCTICA:

El conector situado en el extremo opuesto a la pantalla tiene también su lugar preciso en la parte trasera del ordenador. Frecuentemente lleva dos tornillos que se ajustan manualmente. Pruebe a desconectarlo y volver a conectarlo.

Figura 1.10. El puerto situado en la parte trasera del ordenador, en el que hay que insertar el cable de la pantalla.

En algunos casos, existen dos o más puertos con aspecto similar, como son los que corresponden al ratón y al teclado o aquellos en los que hay que conectar el micrófono o los altavoces. En tales casos, hay un icono situado junto a cada uno de ellos, para facilitar su reconocimiento. Puede verlos en la figura 1.11.

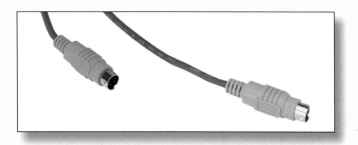

Figura 1.11. Cada conector corresponde exactamente a un puerto situado en la trasera del ordenador.

PRÁCTICA:

Observe asimismo el conector del cable que enlaza el teclado al ordenador. Tiene forma redondeada y 6 patillas que ensamblan perfectamente con el puerto (conector hembra) situado en la parte trasera del ordenador, junto al cual encontrará un pequeño dibujo que representa un teclado.

A su lado, hay un puerto similar con un pequeño dibujo que representa un ratón. Dado que ambos son semejantes y pueden dar lugar a confusión, el fabricante del ordenador ha incluido esos iconos que indican claramente el lugar en el que enchufar uno y otro conector. Otra forma de identificar los conectores es por su color. En la figura 1.11 puede ver un conector malva y otro verde a insertar en los puertos que puede ver en la figura 1.12, que son del mismo color que los conectores (malva y verde).

Nota: Es posible que tanto el teclado como el ratón de su ordenador, o bien uno de los dos, se conecten vía USB. En tal caso, no llevarán los conectores a que nos estamos refiriendo, sino los conectores USB de los que hablaremos a continuación. También existen teclados y ratones inalámbricos que veremos más adelante.

Figura 1.12. Los puertos para el teclado y el ratón son similares, por lo que llevan un icono que los represente o un color que se corresponda con el del conector.

Si dispone de altavoces y micrófono, podrá comprobar que se conectan mediante un jack similar y que a cada uno corresponde un puerto del ordenador, también de características similares. Si hay tres puertos iguales, aunque con colores diferentes, el tercero corresponderá a los auriculares.

En este caso, la entrada del micrófono suele estar indicada por la palabra *Phone*, por la palabra *Mic* o por un icono que representa un micrófono. La de los auriculares suele estar representada por la palabra *Speaker* o el símbolo Ω. El puerto correspondiente a los altavoces suele llevar la indicación *Line-Out*. Si hay un cuarto puerto para conectar un equipo de sonido o un televisor, la indicación más probable será *Line-In*.

Las pantallas planas suelen llevar los altavoces incorporados. Llevan un cable que hay que conectar al puerto de los altavoces de la trasera del ordenador.

Figura 1.13. Los conectores para insertar el micrófono, los auriculares y los altavoces son similares, pero cada uno lleva un color y/o un icono que lo distingue.

Puertos USB

El puerto más utilizado es el llamado USB, debido a su elevada velocidad de transmisión. Los periféricos se conectan generalmente a puertos USB, por lo que los ordenadores modernos vienen equipados con varios puertos de este tipo. Sin embargo, a diferencia de los puertos similares que hemos visto anteriormente, los USB admiten conexiones indistintamente. Es decir, se puede conectar la impresora, el ratón, la cámara de fotos o cualquier otro dispositivo que tenga conexión USB a cualquiera de esos puertos.

Los dispositivos digitales modernos que se conectan al ordenador, como la cámara de fotos, la cámara de vídeo, la memoria externa o el dispositivo MP3, vienen preparados para conexión a un puerto USB.

La figura 1.7 muestra dos puertos USB verticales señalados con un recuadro rojo.

PRÁCTICA:

Observe su ordenador y compruebe el número de puertos USB de que dispone. Deberá tener tantos como aparatos deba conectar a la vez por esa vía. De lo contrario, siempre podrá adquirir un adaptador para ampliar el número de puertos, de la misma forma que se ponen "ladrones" en los enchufes de la luz.

Figura 1.14. Un conector USB se acopla perfectamente a cualquiera de los puertos USB situados en la trasera del ordenador.

Las conexiones inalámbricas

Hoy es bastante común encontrar dispositivos que se conectan entre sí sin cables, utilizando tecnologías inalámbricas.

Se pueden adquirir teclados, ratones, impresoras y otros aparatos para conectar al ordenador sin necesidad de cables.

También existen conexiones inalámbricas que permiten comunicar el teléfono móvil con el ordenador sin necesidad de cables.

El ejemplo más utilizado de conexión inalámbrica pueden ser las redes *wifi*, que conectan equipos a Internet sin emplear cables.

Los ordenadores portátiles modernos vienen equipados con el dispositivo necesario para ese tipo de conexión a Internet.

Los ordenadores de sobremesa no siempre los llevan incluidos, pero se pueden adquirir e instalar.

Los conjuntos inalámbricos de teclado y ratón tienen la ventaja de su movilidad y de que evitan tener cables sobre la mesa o tendidos entre el ordenador y los dispositivos.

PRÁCTICA:

Si dispone de un conjunto de teclado y ratón inalámbricos, compruebe lo fácil que resulta instalarlos:

1. Coloque las pilas en los receptáculos de ambos dispositivos.

2. Inserte el micro receptor en un puerto USB del ordenador.

3. Con el ordenador encendido, mueva el ratón y pulse una tecla del teclado.

Figura 1.15. Un ratón inalámbrico
que se conecta al puerto USB del ordenador.

APRENDA A UTILIZAR LOS BOTONES DEL ORDENADOR

Los botones más importantes del ordenador suelen ir situados en la parte frontal. Son dos:

- El botón de puesta en marcha (POWER).
- El botón de reinicio (RESET).

Figura 1.16. Los botones de puesta en marcha y reinicio.

El botón de puesta en marcha

El ordenador se pone en marcha con un solo dedo. Basta apretar el botón de encendido, que, al igual que muchos aparatos extranjeros, puede llevar la indicación *On*, *Power* o *Start*.

PRÁCTICA:

Encienda el ordenador, oprimiendo el botón de puesta en marcha. Si la pantalla no se enciende sola, pulse asimismo el botón de encendido.

Después de encender el ordenador y, si es preciso, la pantalla, hay que esperar un tiempo a que el equipo se ponga en marcha.

Cuando usted oprime el botón de puesta en marcha, el equipo ejecuta Windows, el sistema operativo que lo hace funcionar. Por su parte, Windows debe realizar una comprobación de todos los dispositivos internos y externos que están conectados al equipo, para controlar su funcionamiento y su estado. Algunos, como la impresora o el router, pueden incluso estar apagados. Otros, como la pantalla, están encendidos. Pero, estén activos o inactivos, Windows debe verificar que las conexiones son correctas y que la situación de cada elemento es la adecuada.

Es preciso, por tanto, esperar pacientemente hasta que el sistema operativo, Windows, realice su recorrido por todos los elementos y conexiones y verifique su buen funcionamiento. Esperar pacientemente significa no tocar el teclado ni el ratón mientras transcurre ese proceso, porque lo único que se consigue es interferir con él y retrasarlo. Si tiene conexión a Internet y ésta se inicia en el momento en el que se pone en marcha el ordenador, tenga en cuenta que el sistema precisará también de algún tiempo para verificar que el cable (o el dispositivo *wifi*) está bien instalado y que la conexión se ha efectuado correctamente.

En el caso de que alguno de los componentes falle, bien sea de hardware o de software, Windows lo advertirá indicando la existencia del problema y, en algunos casos, señalando la que hay que hacer para corregir el fallo. En tales casos, hay que seguir las indicaciones del programa. En muchas ocasiones, lo más práctico es pedir ayuda.

Cómo saber si el ordenador ha finalizado la puesta en marcha

Cuando el ordenador termina su proceso de puesta en marcha, la pantalla muestra el Escritorio de Windows con una serie de iconos que son accesos directos a los diferentes programas instalados. Si no hay programas instalados, únicamente suele aparecer el icono de la Papelera de reciclaje.

Figura 1.17. El puntero del ratón se mueve por la pantalla cuando el equipo está listo.

PRÁCTICA:

Para comprobar si el ordenador está operativo y puede comenzar a trabajar con él, solamente tiene que tomar el ratón y moverlo ligeramente sobre la alfombrilla en cualquier dirección. Si el equipo está listo, verá el puntero del ratón moverse por la pantalla. Sin embargo, cuando Windows está realizando alguna tarea, el puntero del ratón se convierte en un aro giratorio. En tal caso, deberá esperar a que esa tarea finalice antes de comenzar a trabajar. La señal será que el aro giratorio se habrá vuelto a convertir en el puntero habitual.

El botón de reinicio

El botón de reinicio suele llevar la indicación *Reinicio* o *Reset*, que es su equivalente en inglés. La función de este botón es apagar el sistema y volver a ponerlo en marcha y se usa cuando se produce un bloqueo y el ordenador deja de responder a las instrucciones.

CÓMO SE APAGA EL ORDENADOR

Apagar el ordenador es algo más complejo que encenderlo. Nunca hay que tratar de apagarlo pulsando el botón de puesta en marcha ni mucho menos desconectándolo de la red eléctrica.

Antes de apagarse, el sistema debe cerrar uno a uno todos los elementos que estén en funcionamiento, aunque no sean visibles externamente. Además, Windows guarda cada vez la configuración del sistema, para poderlo iniciar la vez siguiente con las mismas características, sin omitir ninguna novedad.

Aprenderemos a apagar y reiniciar el ordenador en el capítulo 2.

LA TENDINITIS Y OTROS PROBLEMAS QUE GENERA EL ORDENADOR

El ordenador es a veces causa de problemas físicos, como tendinitis en la muñeca o en el brazo con el que se maneja el ratón. La causa se debe a posturas inadecuadas, especialmente, a la altura inadecuada a la que se sitúan los aparatos. En todo caso, estos problemas únicamente se originan cuando se trabaja muchas horas con el ordenador, nunca cuando se hace de él un uso esporádico.

Si piensa dedicar muchas horas a trabajar con él, tenga en cuenta las siguientes normas de buen uso:

- Para evitar molestias oculares, como ardor, picor o fatiga frente a la pantalla del ordenador, puede utilizar gafas con un filtro especial para las radiaciones del monitor. Cualquier óptico sabrá proporcionárselas. Es importante apartar la vista de la pantalla al menos cada media hora y parpadear con frecuencia, para aportar humedad a los ojos.

- Es mejor situar el ordenador perpendicularmente a la ventana. Si lo coloca de espaldas o de frente, se producirán fuertes contrastes de luz que son muy perjudiciales para la vista.

- Se aconseja una distancia entre el usuario y la pantalla de entre 40 y 70 centímetros.

- Para evitar posturas inadecuadas del brazo y la mano a la hora de manejar el teclado y el ratón, estos deberán estar situados a la altura del codo, en una mesa o bandeja auxiliar más bajas que el tablero de la mesa en que se apoya la pantalla.

- Es conveniente utilizar una silla con brazos o bien un reposamuñecas ante el teclado y el ratón, que permita apoyar ambas muñecas. Debe hacerse una pausa al menos cada hora para desentumecer el cuerpo y estirar los músculos.

Figura 1.18. El teclado y el ratón han de situarse en un tablero más bajo que la pantalla.

Nota: Si utiliza un ordenador portátil, podrá evitar la tendinitis que suele producirse al mantener el brazo en alto para manejar el teclado y la alfombrilla táctil, situando el ordenador en la parte superior de la mesa y colocando un teclado y un ratón (inalámbricos o con cables) en la bandeja extraíble. De esa forma, no precisará mantener el brazo elevado para trabajar.

EL FUNCIONAMIENTO DEL ORDENADOR

Hay dos dispositivos de entrada principales que permiten dar instrucciones al ordenador: el ratón y el teclado.

EL RATÓN

El ratón es un dispositivo que permite dar instrucciones al ordenador pulsando uno de sus botones. Se desplaza moviéndolo despacio sobre una alfombrilla.

Figura 2.1. El ratón permite introducir instrucciones en el ordenador.

PRÁCTICA:

Coja el ratón suavemente con toda la mano. Coloque el dedo índice sobre el botón izquierdo y el dedo medio sobre el botón derecho. No debe apretar.

A continuación, arrástrelo muy despacio sobre la alfombrilla y observe su movimiento en la pantalla del ordenador. Sin apretar, pruebe a colocarlo sobre el icono **Papelera de reciclaje**. Si se sale de la alfombrilla, levántelo y cámbielo de sitio.

Figura 2.2. El icono Papelera de reciclaje en el Escritorio de Windows.

Un clic, una instrucción

Llamamos "hacer clic" a apretar uno de los botones del ratón sobre un objeto de la pantalla. Cada vez que se hace clic, el ordenador recibe una instrucción. Hay tres clases de clic:

- Clic con el botón izquierdo. Es lo más habitual. Consiste en apuntar a un objeto y pulsar el botón izquierdo del ratón.

- Clic con el botón derecho. Sirve para acceder a listas de opciones llamadas menús. Consiste en apuntar a un objeto y pulsar el botón derecho del ratón.

- Doble clic. Sirve para ejecutar un programa. Consiste en apuntar a un objeto y pulsar dos veces seguidas rápidamente el botón izquierdo del ratón.

Hacer clic

PRÁCTICA:

Pruebe a hacer clic sobre el icono **Papelera de reciclaje**.
Recuerde, una sola vez con el botón izquierdo.
Observe que cambia de color. Eso significa que
usted lo ha seleccionado para realizar una tarea.
El ordenador espera su siguiente instrucción.

Arrastrar y colocar

Arrastrar un objeto significa hacer clic en él con el botón
izquierdo del ratón y, sin dejar de apretar el botón, desplazarlo
a otro lugar. Para colocarlo en el nuevo lugar, basta dejar de
apretar el botón.

PRÁCTICA:

Pruebe a arrastrar el icono **Papelera de reciclaje** a otro
lugar de la pantalla. Cuando llegue al lugar deseado,
suelte el botón del ratón que tenía oprimido.

El botón derecho

PRÁCTICA:

Pruebe a hacer clic con el botón derecho sobre el
icono **Papelera de reciclaje**. Observe que se despliega
un menú con opciones. Se llama menú contextual. Para

elegir una opción, sólo tiene que hacer clic sobre ella. Pruebe a hacer clic, con el botón izquierdo, en la opción Abrir. Observe que se abre una ventana mostrando el contenido de la Papelera que, en este caso, está vacía.

Figura 2.3. La opción Abrir en el menú contextual de la Papelera de reciclaje.

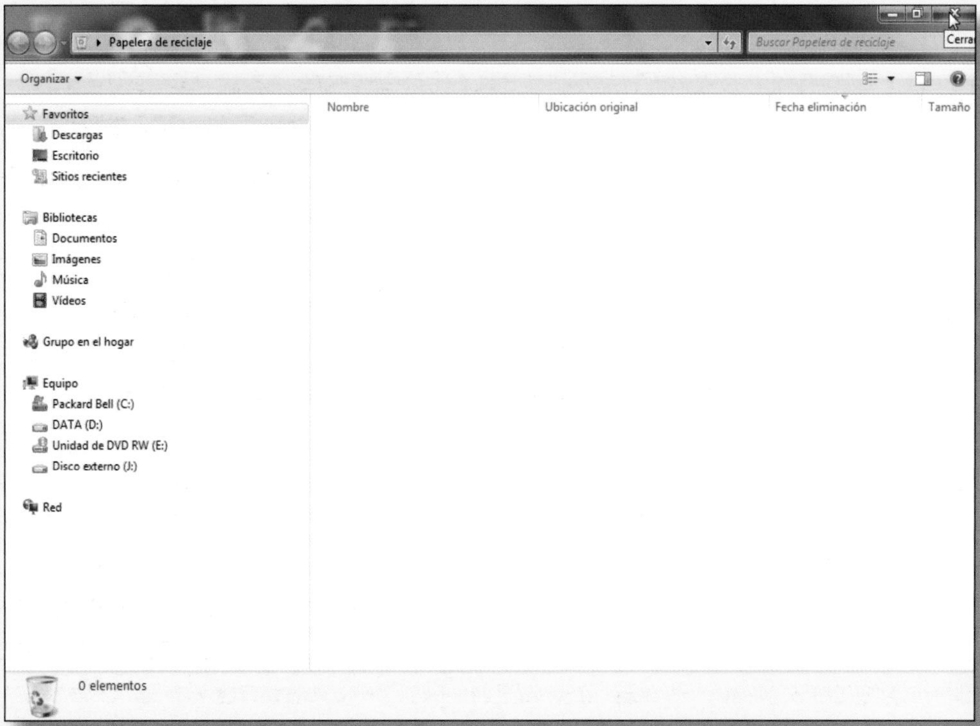

Figura 2.4. La ventana de la Papelera se abre al hacer clic en la opción Abrir del menú.

PRÁCTICA:

Cierre la ventana haciendo clic en el botón **Cerrar**, situado en la esquina superior derecha y con forma de aspa. Puede verlo en la figura 2.4.

Doble clic

PRÁCTICA:

Pruebe a hacer doble clic sobre el icono **Papelera de reciclaje**. Observe que la ventana se abre igual que antes cuando hizo clic en la opción Abrir del menú. Si no se abre la ventana, pruebe a hacer doble clic de nuevo. Recuerde que debe hacerlo deprisa, un clic tras otro, sin pausa.

Alternativas al ratón: El ratón puede llegar a producir tendinitis, como hemos dicho, si se hace un uso continuado. También puede suponer dificultades a la hora de apuntar con precisión, si el pulso falla. Existen dispositivos que pueden sustituir el uso del ratón para introducir datos en el ordenador, como las tabletas gráficas, que consisten en una pizarra electrónica y un lápiz con el que escribir, sin que sea preciso tocar con él la superficie de la pizarra. Los ordenadores portátiles disponen de superficies táctiles que se accionan con un dedo o de una bola que gira para mover el puntero sobre la pantalla, aunque ambos casos presuponen la elevación del brazo para poderlos manejar, lo cual no deja de ser incómodo y poco ergonómico. También hay sistemas de reconocimiento de voz, como el que incorpora el propio Windows.

Accesibilidad: Los programas modernos suelen llevar una opción llamada Accesibilidad, que permite configurar ciertos aspectos del funcionamiento del ordenador considerando ciertas dificultades o discapacidades del usuario. Las opciones de accesibilidad de Windows 7 se encuentran en el Panel de control, al que se accede desde el menú Inicio.

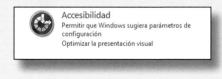

EL TECLADO

El teclado del ordenador recuerda el de una máquina de escribir, pero con muchas más posibilidades y teclas especiales. Para escribir con el teclado, hay que emplear un programa de edición de textos.

PRÁCTICA:

Pruebe a escribir con WordPad:

1. Haga clic en el botón **Iniciar** de Windows. Está situado en el extremo inferior izquierdo de la pantalla.

2. Observe que se despliega el menú Inicio. Véase la figura 2.5.

3. Haga clic en la opción Todos los programas.

4. Haga clic en Accesorios. Véase la figura 2.6.

5. Haga clic en WordPad. Véase la figura 2.7.

Figura 2.5. El menú Inicio de Windows con la opción
Todos los programas seleccionada.

Figura 2.6. WordPad seleccionado en el submenú Accesorios.

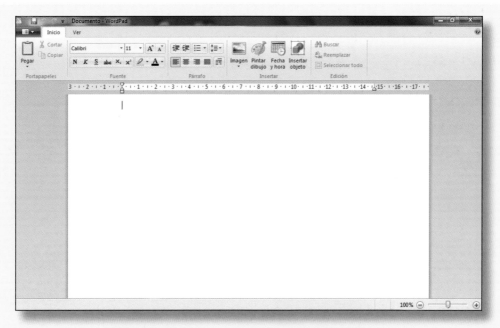

Figura 2.7. La ventana de WordPad.

PRÁCTICA:

Una vez desplegado WordPad, puede empezar a escribir. Pruebe a pulsar algunas teclas y observe el resultado.

Figura 2.8. Los grupos de teclas del teclado del ordenador.

El teclado del ordenador, que muestra la figura 2.8, tiene una fila de teclas numéricas (2) encima de las teclas alfabéticas (1), con las que puede escribir números. También puede utilizar el teclado numérico de la derecha (3), pulsando previamente la tecla **BloqNum**.

Entre el teclado alfanumérico y el numérico, hay un grupo de teclas (4) que se utilizan para desplazarse.

PRÁCTICA:

Pruebe a mover el cursor pulsando las teclas **Flecha arriba**, **Flecha abajo**, etc. Pruebe a pulsar las teclas **Inicio** y **Fin** para ir al principio o al final de la línea. Utilice **RePág** y **AvPág** para pasar una página atrás o adelante. Pulse después la tecla **BloqNum** y escriba números.

Las teclas Intro y Escape

La tecla **Intro** suele ser la más grande del teclado. Sirve para indicar al ordenador que se ha finalizado una tarea. También equivale a aceptar una opción que propone un programa. Si el programa le pregunta algo y usted pulsa **Intro**, le habrá respondido que sí. Si la pulsa cuando esté escribiendo un texto, insertará un punto y aparte.

La tecla **Esc** es todo lo contrario. Está situada en la esquina superior izquierda del teclado y sirve para cancelar una acción o para responder No a una pregunta de un programa.

La arroba

La @ (arroba) se escribe pulsando a la vez la tecla **Alt** y la tecla @. En un procesador de textos como WordPad, hay que utilizar la tecla **Alt Gr** en lugar de **Alt**. La @ (arroba) se emplea en las direcciones de correo electrónico.

APAGUE SIEMPRE EL ORDENADOR DE FORMA SEGURA

Después de trabajar con el ordenador, hay que apagarlo de forma segura, es decir, de forma que ninguno de sus programas y componentes resulte dañado.

PRÁCTICA:

Antes de apagar el ordenador, hay que cerrar los programas que estén abiertos. Por ahora, hemos abierto WordPad para aprender a manejar el teclado. Para cerrarlo, basta hacer clic en el botón con forma de aspa, situado en la esquina superior derecha.

PRÁCTICA:

Para apagar el ordenador, hay que hacer lo siguiente:

1. Haga clic en el botón **Iniciar** de Windows, para desplegar el menú Inicio.

2. Una vez desplegado el menú Inicio, haga clic en Apagar.

Figura 2.9. La opción para apagar el ordenador.

A partir de ese momento, Windows iniciará una laboriosa búsqueda de programas y dispositivos en funcionamiento y los cerrará con todas las garantías de seguridad.

Al cabo de unos momentos, el ordenador se apagará sin que usted tenga que pulsar botón alguno.

Únicamente deberá apagar los elementos que tengan botón de encendido, como los altavoces, la pantalla o la impresora.

MÉTODO PARA REINICIAR EL ORDENADOR DE FORMA SEGURA

Cuando se instala un nuevo elemento de hardware o de software, es preciso reiniciar el ordenador para que Windows reconozca el nuevo dispositivo. Generalmente, el reinicio es automático, pero conviene saber cómo hacerlo.

PRÁCTICA:

Para reiniciar el ordenador, hay que hacer lo siguiente:

1. Haga clic en el botón **Iniciar** de Windows, para desplegar el menú Inicio.

2. Haga clic en la flecha del botón **Apagar** que apunta a la derecha.

3. Cuando se despliegue el menú, haga clic en Reiniciar.

Figura 2.10. El menú de opciones para suspender, bloquear o reiniciar el ordenador.

A partir de ese momento, Windows cerrará los programas y elementos que estén funcionando e inmediatamente volverá a ponerlos en marcha sin que usted tenga que pulsar botón alguno.

Recuerde que sólo debe emplear el botón físico de reinicio (véase figura 1.16, del capítulo 1) cuando se produzca un bloqueo y no sea posible aplicar el método normal de reinicio, que es el que acabamos de ver.

EL ORDENADOR PROCESA Y ALMACENA LA INFORMACIÓN

Una vez que introducimos información en el ordenador, éste la procesa y almacena en la unidad central. En la unidad central reside lo que podríamos llamar la inteligencia o lógica del ordenador, es decir, los componentes que analizan la información suministrada, la procesan, realizan los cálculos pertinentes y arrojan los resultados.

El procesador

El procesador es la parte encargada de realizar los cálculos y procesos, de ejecutar las instrucciones y de controlar la realización de las tareas, todo ello a gran velocidad.

La memoria

La memoria consiste en un conjunto de módulos en los que se almacena la información necesaria para realizar las operaciones.

La función de la memoria, por tanto, es almacenar información temporalmente, mientras el procesador calcula, procesa y realiza los trabajos necesarios sobre los datos almacenados.

Una vez que el ordenador se apaga, la información se borra de la memoria.

Por ello, antes de apagarlo, es imprescindible guardar los resultados de las operaciones realizadas en un dispositivo de almacenamiento permanente, como el disco duro o un disco externo. De lo contrario, se pierden.

El disco duro

El disco duro es una unidad de almacenamiento permanente, que se aloja en la unidad central, dentro de la caja.

La información almacenada en el disco duro es totalmente manipulable. Es decir, se puede modificar, cambiar de lugar o eliminar. Esto se lleva a cabo utilizando el teclado o el ratón del ordenador y un programa informático que permita acceder a esa información, como Windows.

Los discos externos

El ordenador cuenta también con dispositivos instalados que permiten leer, reproducir y grabar información en discos extraíbles o en dispositivos de gran capacidad de almacenamiento llamados discos duros externos.

Los discos duros externos son similares al disco duro integrado en la unidad central del ordenador, pero tienen la ventaja de que se pueden trasladar fácilmente guardando en su interior gran cantidad de información.

Son útiles, por ejemplo, para almacenar y trasladar archivos de imagen, sonido y vídeo, que ocupan mucho espacio. Algunos tienen incluso capacidad para reproducir ese tipo de archivos, mediante un mando a distancia.

Por ahora, estos dispositivos suelen ser bastante costosos, aunque pueden encontrarse ofertas de alrededor de 70 euros.

Lectores y grabadores de discos

El ordenador puede llevar instalados una o más unidades de CD-ROM. Según sus características, estas unidades permiten leer discos de datos, de sonido o de vídeo. Además de lectura, las unidades de CD-ROM modernas permiten escribir datos, sonido o vídeo en soportes grabables o regrabables.

La tabla 2.1 recoge los tipos de discos que admite el ordenador.

Figura 2.11. La unidad de CD-ROM desplegada.

La unidad de CD-ROM está provista de un botón de apertura y cierre, así como de un indicador luminoso que se enciende cuando el ordenador trabaja con el disco.

PRÁCTICA:

Pruebe a abrir la unidad de CD-ROM pulsando el botón. Inserte un disco en la bandeja, con la parte brillante hacia abajo. Para cerrar la unidad, vuelva a pulsar el mismo botón. También puede empujar suavemente la bandeja hacia dentro, igual que el reproductor de discos del equipo de música.

Tostar discos: En el argot informático, se llama tostar o bien quemar discos (en inglés, *burn*) a copiarlos porque, al escribir en un disco, se quema una de las capas fotosensibles que lo componen.

Cuando el disco falla: Los discos compactos, CD, CD-ROM y DVD, pueden sufrir rasguños del uso o llenarse de polvo. A veces, cuando insertamos un disco en el ordenador o en el equipo de música o vídeo, falla. Conviene tener un kit de limpieza para limpiarlos con un líquido y un paño especiales, con lo que recuperarán su rendimiento.

Tabla 2.1. Tipos de discos compactos que admite el ordenador.

Siglas	Significado	Descripción
CD-ROM	Disco compacto de sólo lectura.	Suele contener datos o imágenes para el ordenador. La información no se puede borrar ni modificar.
CD	Disco compacto de sólo lectura.	Suele contener música. La información no se puede borrar ni modificar.
CD R	Disco compacto grabable.	Puede contener datos, imágenes o música. Sólo se puede grabar una vez.
CD RW	Disco compacto regrabable.	Puede contener datos, imágenes o música. Se puede grabar y borrar tantas veces como sea preciso.
DVD	Disco versátil digital.	Suele contener vídeo. La información no se puede borrar ni modificar.

Siglas	Significado	Descripción
DVD R	Disco versátil digital grabable.	Puede contener datos, imágenes, música o vídeo. Sólo se puede grabar una vez.
DVD RW	Disco versátil digital regrabable.	Puede contener datos, imágenes, música o vídeo. Se puede grabar y borrar tantas veces como sea preciso.

 **Discos + y -:** En el mercado podrá ver también discos DVD+R y DVD-R o bien discos DVD+RW y DVD-RW. Generalmente, los que llevan el signo - están destinados al ordenador y los que llevan el signo + están destinados a aparatos electrónicos, como grabadores de DVD que funcionan con el televisor.

El ordenador utiliza indistintamente todos ellos, pero algunos aparatos electrónicos pueden leer un tipo de discos y/o grabar otro tipo.

 **Blue Ray:** Los discos Blue Ray (se podría traducir por rayo azul) son externamente similares a los discos CD o DVD, pero se distinguen por su alta capacidad de almacenamiento y la elevada calidad de su reproducción.

Su nombre se debe a que se graban y leen mediante rayo láser azul, a diferencia de los DVD normales que lo hacen mediante rayo láser rojo. Por ahora, son también bastante caros.

Memorias externas

Un dispositivo de almacenamiento externo móvil de gran utilidad son las memorias externas, que se conectan al ordenador a través de un puerto USB.

Tienen la ventaja de la rapidez, pues el ordenador emplea mucho menos tiempo en acceder a una de estas memorias conectadas a un puerto USB que en acceder a un disco situado en una unidad de CD-ROM o DVD. Además, no se ven afectadas por el polvo o los rasguños, que suelen perjudicar a los discos CD-ROM o DVD.

Algunas son del tamaño de un mechero y se llevan colgadas como un llavero. Son muy útiles para transportar información de gran tamaño, como fotografías o vídeos y se pueden leer no solamente con el ordenador, sino con marcos digitales, dispositivos TDT, lectores de DVD, etc.

El ordenador reconoce las memorias USB (llamadas también lápices de memoria o por su nombre en inglés *pendrives*) como si se tratara de un disco duro. En el momento en que se conecta uno de estos dispositivos al puerto USB, el sistema operativo lo trata como a cualquier otra unidad de disco, lo que permite acceder rápidamente a la información, modificarla, eliminar lo necesario e incorporar información nueva.

Figura 2.12. La memoria USB es un excelente dispositivo de almacenamiento externo.

LA CAPACIDAD DEL ORDENADOR

Las características técnicas del ordenador, que forman lo que se denomina configuración, son las que determinan las prestaciones del aparato.

La mayoría de las tiendas venden equipos de características y precios similares, pero hay algunas consideraciones que vale la pena tener en cuenta:

- Conviene comprarlo en una tienda que ofrezca garantía de servicios post venta. Es importante recibir asistencia técnica en caso de avería, mal funcionamiento o, simplemente, dudas. Hay que guardar la factura como garantía, al igual que se hace con los demás aparatos adquiridos.

- Los equipos de segunda mano son mucho más económicos y pueden servir perfectamente para desarrollar el trabajo a realizar. Téngase en cuenta que la informática evoluciona muy rápidamente y que un equipo usado puede tener un año de antigüedad. Es importante que el vendedor ofrezca al menos seis meses de garantía y servicio postventa. Sin embargo, antes de comprarlo hay que asegurarse de que el equipo usado sea compatible con los programas o dispositivos que se vayan a utilizar con él. No todos los programas funcionan en todos los equipo ni todos los equipos soportan todos los dispositivos y programas.

- No conviene adquirir productos novedosos y sofisticados sin asegurarse de que funcionan y de que son adecuados para el trabajo a realizar. Es mejor asesorarse previamente.

- Todos los aparatos que se adquieran, el ordenador, la impresora, el disco externo, etc. deben llevar un disco de instalación. Asimismo, si el ordenador tiene instalado algún programa, debe haber un disco que contenga ese programa. En caso de averías o fallos, es importante disponer de todos los discos de instalación para volver a instalar los elementos o programas necesarios.

Las siglas

La configuración del equipo, es decir, sus características técnicas, se suelen representar mediante expresiones que no se entienden fácilmente, especialmente, siglas como HD, MHz, RAM, GB, TB, etc. La siguiente tabla recoge algunas de estas siglas.

Tabla 2.2. Siglas que indican las características técnicas del ordenador.

Siglas	Significado	Descripción
CPU	Unidad central	La parte del ordenador que contiene el procesador y la memoria.
MHz	Megahercios	La frecuencia del procesador en millones de hercios.
GHz	Gigahercios	La frecuencia del procesador en miles de millones de hercios.
RAM	Memoria	Mantiene "viva" la información mientras el procesador trabaja con ella.
HD o HDD	Disco duro	Almacena la información de manera permanente.
DD	Disco duro	Igual que HD, pero con siglas en español.
KB	Kilobytes	Miles de caracteres.
MB	Megabytes	Millones de caracteres.
GB	Gigabytes	Miles de millones de caracteres.
TB	Terabytes	Billones de caracteres.

LOS PERIFÉRICOS
DEL ORDENADOR

LA PANTALLA

El dispositivo de salida más importante que tiene el ordenador para comunicarse con el usuario es la pantalla, donde muestra la información y donde aparecen las interfaces de los programas. Las modernas pantallas extraplanas son de cristal líquido, lo que mejora la imagen e impide que los ojos se cansen. Llevan incorporado un menú digital para controlar el color, el brillo y el contraste. Algunas llevan integrados altavoces estéreo.

Figura 3.1. La pantalla muestra la información.

La pantalla que muestra la figura tiene una serie de botones en la parte derecha. El superior sirve para encenderla y apagarla. El segundo lleva la indicación MENÚ y da acceso al menú digital. Al pulsarlo, aparece un cuadro con opciones para ajustar el brillo y el contraste, para aumentar o reducir el volumen de los altavoces o para controlar la imagen.

LA IMPRESORA

Otro importante dispositivo de salida es la impresora, con la que el ordenador presenta, sobre papel, los resultados de un trabajo o la información solicitada.

Hay impresoras de varios tipos. Las más comunes para ordenadores domésticos son las de chorro de tinta, que utilizan cartuchos negros o de color para imprimir textos o imágenes y son muy económicas. Algunas dan excelente calidad para imprimir incluso fotografías digitales. Los equipos profesionales utilizan con frecuencia impresoras láser, de gran calidad y rendimiento, pero de elevado coste. El coste no solo estriba en el aparato, sino en el precio y duración de los cartuchos.

El funcionamiento de la impresora es prácticamente automático. Todos los programas que permiten imprimir datos llevan un botón o una opción de menú para imprimir.

Por ejemplo, el programa de edición de texto que vimos en el capítulo anterior, WordPad, tiene una opción en el menú WordPad que se llama expresamente Imprimir. Otros programas pueden llevar la opción Imprimir en el menú Archivo.

Figura 3.2. La opción Imprimir en el menú de WordPad.

La resolución de pantalla y la resolución de impresora

 **Nota:** El píxel. Un píxel (contracción de la expresión inglesa *picture element,* elemento de imagen) es el elemento más pequeño que compone una imagen gráfica.

En la pantalla, las imágenes están formadas por puntos llamados píxeles. Dentro de un mismo espacio de la pantalla, la imagen tendrá más alta resolución cuanto mayor sea el número de píxeles que la componga, ya que mayor número de píxeles significa mayor flexibilidad para poder ampliar la imagen sin que pierda calidad. La resolución de la pantalla se expresa en píxeles por pulgada.

En una impresora, las imágenes están también formadas por puntos y, al igual que los píxeles, cuantos más puntos tenga la imagen impresa más alta será su resolución. La resolución de la impresora se expresa en puntos por pulgada, lo que se suele representar por las siglas ppp.

La resolución habitual de las modernas pantallas planas de los ordenadores es de 1024×768 píxeles, que permite ver los textos y las imágenes con un tamaño bastante cómodo, aunque Windows 7 suele aplicar una resolución más elevada que muestra los textos y las imágenes con un tamaño inferior.

La resolución mínima de 600×800 píxeles permite ver las letras y los objetos más grandes en la pantalla, pero a veces no se pueden ver completos algunos programas o algunas páginas de Internet. También es preciso aumentarla algunas veces para ver mejor una película o vídeo.

Cambiar la resolución de la pantalla es tan sencillo y rápido que se puede mantener la de 600×800 para ver los objetos más grandes y, en caso de necesitarlo, cambiar momentáneamente a 1024×768 píxeles o, incluso, a una resolución intermedia o superior si la pantalla lo permite.

PRÁCTICA:

Para modificar la resolución de la pantalla, hay que hacer lo siguiente:

Ver	▶
Ordenar por	▶
Actualizar	
Pegar	
Pegar acceso directo	
Deshacer Mover	Ctrl+Z
Panel de control de NVIDIA	
Nuevo	▶
Resolución de pantalla	
Gadgets	
Personalizar	

Figura 3.3. El menú contextual del Escritorio aparece al hacer clic en un lugar vacío del mismo.

1. Haga clic con el botón derecho del ratón en cualquier lugar vacío del Escritorio.

2. En el menú contextual, haga clic sobre la opción Resolución de pantalla.

3. Aparecerá el cuadro que muestra la figura 3.4. En esta figura, la resolución señala 1024×768 píxeles. Haga clic en la pequeña flecha abajo que hay junto a esa indicación, para desplegar el deslizador.

4. Haga clic en el deslizador y arrástrelo para seleccionar 600×800 píxeles.

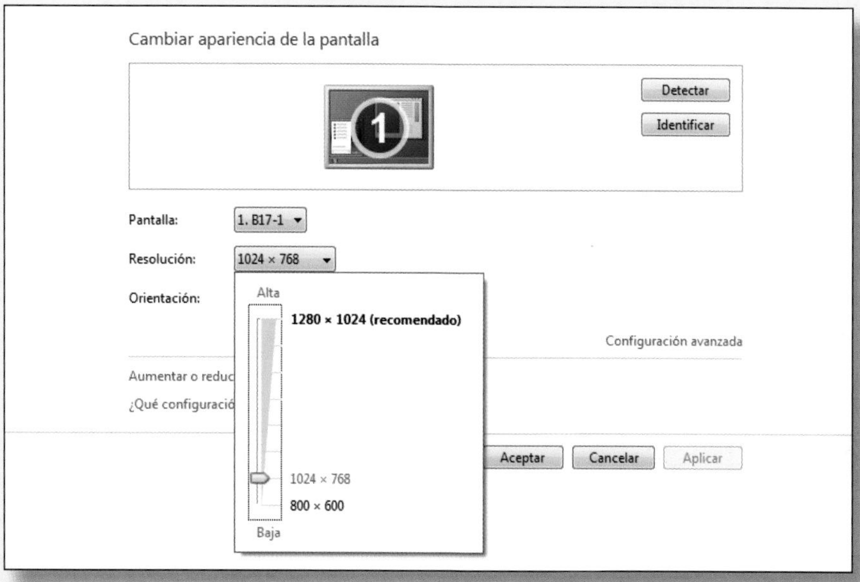

Figura 3.4. Se puede cambiar la resolución moviendo el deslizador.

5. Haga clic en el botón **Aceptar**. Los objetos de la pantalla se ven más grandes, pero entran menos. Si no desea cambiar, haga clic en **Cancelar**.

6. Para volver a la resolución anterior, abra de nuevo el cuadro de diálogo y vuelva a seleccionar la resolución anterior en la lista desplegable.

7. Haga clic en el botón **Aceptar** para finalizar el proceso.

EL ESCÁNER

El escáner es un dispositivo capaz de digitalizar imágenes y de convertirlas en archivos gráficos que se pueden tratar con el ordenador. El escáner viene acompañado de su propio programa para capturar la imagen y guardarla. Exceptuando las profesionales, prácticamente todas las impresoras modernas son multifunción, es decir, permiten no solamente imprimir, sino escanear documentos o imágenes, lo que las convierte también en fotocopiadoras, ya que es posible escanear e imprimir cualquier documento.

Figura 3.5. Las impresoras actuales traen un escáner incorporado.

El funcionamiento del escáner no es complicado. Hay que colocar la fotografía o dibujo cara abajo sobre el cristal y cerrar la tapa. Es preciso ajustar el papel a las marcas, igual que se hace en una fotocopiadora. Después es el programa el que se encarga de lo demás. También hay que tener en cuenta la resolución del escáner. Si es baja, la fotografía escaneada puede perder calidad. Compruebe que la digitaliza con la resolución adecuada, usando para ello el programa que acompaña al escáner.

El OCR

El escáner convierte en imágenes tanto los dibujos o fotografías como los textos. Eso significa que, si escanea un texto, luego no podrá modificarlo en el ordenador como tal, es decir, no podrá cambiar palabras ni letras. Se habrá convertido en una imagen gráfica como si fuera una fotografía.

Si el escáner dispone de la opción OCR (reconocimiento óptico de caracteres), podrá escanear un texto como tal, es decir, tras digitalizado, podrá modificarlo con un procesador de textos como WordPad.

Para que el texto digitalizado se pueda modificar sin problemas, es preciso que el escáner tenga muy buena calidad. De lo contrario, puede desvirtuar las letras y algunas palabras quedar irreconocibles, lo que requerirá un largo trabajo de corrección.

PRÁCTICA:

Pruebe a comprobar su escáner con Windows:

1. Haga clic en Inicio, seleccione Todos los programas y haga clic en Fax y Escáner de Windows.

2. Haga clic con el botón derecho sobre su escáner y seleccione Propiedades en el menú contextual.

3. El programa Fax y Escáner de Windows permite asimismo configurar la digitalización de imágenes y textos y puede controlar el escáner. Para configurar la digitalización haga clic en el menú Herramientas y seleccione Configuración de digitalización.

Figura 3.6. El programa Fax y Escáner de Windows permite controlar el escáner.

La barra de herramientas ofrece el botón **Nueva digitalización** para escanear imágenes y el botón **Imprimir** para imprimirlas.

PRÁCTICA:

Pruebe a escanear e imprimir una fotografía con Windows 7:

1. Coloque una fotografía en la bandeja o ranura del escáner.

2. Haga clic en Inicio, seleccione Todos los programas y Fax y Escáner de Windows.

3. Haga clic en el botón **Nueva digitalización** de la barra de herramientas.

4. En el cuadro de diálogo Importar imágenes y vídeos, seleccione el escáner y luego haga clic en el botón **Importar**.

5. En el cuadro de diálogo Nueva digitalización, seleccione el tipo de archivo en la casilla Tipo de archivo. Aquí puede distinguir entre escanear un texto o una imagen.

6. Compruebe la resolución en la casilla Resolución (ppp). Aquí puede aumentar o disminuir los puntos por pulgada haciendo clic en la flecha arriba o bien en la flecha abajo.

7. Compruebe el brillo y el contraste haciendo clic en los controles deslizantes.

8. Haga clic en **Digitalizar** cuando termine de ajustar la imagen.

9. Haga clic en el botón **Guardar como** de la barra de herramientas y escriba un nombre para la imagen.

10. Seleccione un formato haciendo clic en la lista desplegable Tipo. Podrá guardarlo en un tipo de archivo de imagen, como veremos en el capítulo 4, por ejemplo, Tiff o Jpeg.

11. Haga clic sobre el botón **Imprimir** de la barra de herramientas.

12. En el cuadro de diálogo Imprimir imágenes, seleccione las opciones de impresión. La lista desplegable Calidad permite elegir una calidad de impresión superior a la predeterminada, es decir, puede seleccionar 1200 puntos por pulgada en lugar de 600. Puede también elegir el número de copias, el tamaño del papel, el tamaño de la fotografía, etc. Para enviar la orden a la impresora, haga clic sobre el botón **Imprimir**.

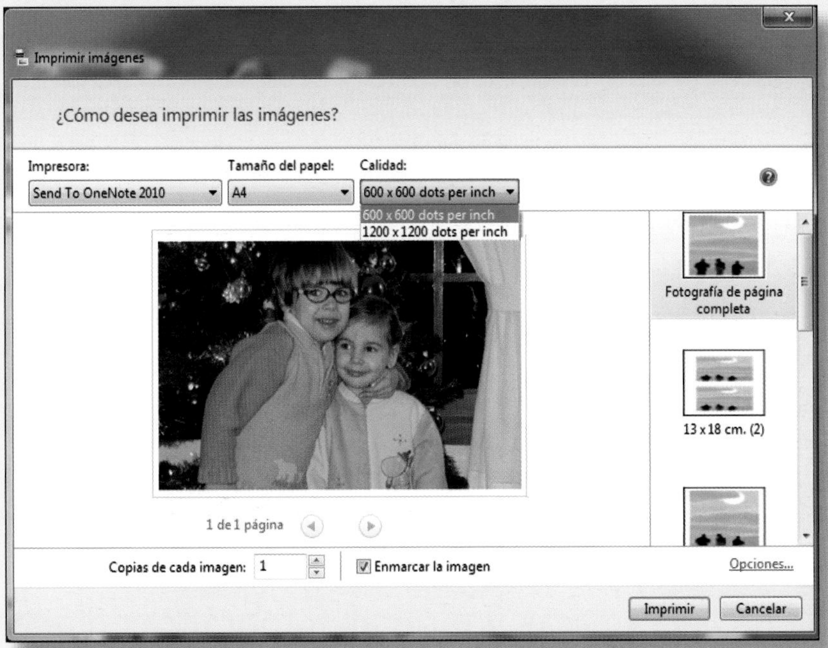

Figura 3.7. El programa Fax y Escáner de Windows tiene opciones de impresión para imágenes.

INSTALE LOS ELEMENTOS EN EL ORDENADOR

Para que la impresora y el escáner funcionen, es necesario haberlos instalado previamente.

Instalar un aparato en el ordenador consiste en conectarlo adecuadamente y, además, ejecutar un programa de instalación que indique a Windows de qué clase de aparato se trata y qué características tiene.

Windows reconoce automáticamente los dispositivos internos del ordenador, como el disco duro o el CD-ROM, y reconoce también algunos dispositivos externos, como la pantalla o la memoria USB que vimos en el capítulo 2.

Pero, para que Windows reconozca correctamente los demás dispositivos, es indispensable instalarlos con un programa que genere la información adecuada para que el ordenador no presente problemas a la hora de imprimir o escanear. Ese programa ha de venir acompañando al aparato. Suele componerse de un CD-ROM o, a veces, de más de uno. En todo caso, es imprescindible obtenerlo para poderlo instalar.

Un concepto interesante: Plug & Play

Plug & Play significa conectar y funcionar. Es una norma tecnológica que permite conectar un aparato físico al ordenador de manera que el sistema operativo lo detecte automáticamente. Por ejemplo, al conectar una pantalla Plug & Play al ordenador, Windows la detecta y la instala automáticamente.

La mayoría de las cámaras y tarjetas fotográficas digitales, lectores de Mp3 y aparatos similares cumple la norma Plug & Play y no es preciso instalarlos, sino que Windows los reconoce al insertarlos y permite acceder a ellos inmediatamente.

Si el aparato a conectar no cumple con los requisitos de esa norma o no los cumple totalmente, hay que proceder a instalarlo insertando el disco del fabricante.

Instale la impresora

 **Nota:** Actualmente existen numerosos aparatos inalámbricos, incluyendo impresoras, que pueden conectarse al ordenador empleando tecnologías consistentes en una tarjeta, una antena y/o un receptor.

La instalación de la impresora no es complicada. En primer lugar, compruebe que dispone de lo necesario:

- Un cable para conectar la impresora a la red eléctrica.
- Un cable para conectar la impresora al ordenador.
- Un disco de instalación.
- Un manual del usuario.
- Un cartucho negro o de color instalado dentro de la impresora.
- Papel para imprimir.

PRÁCTICA:

Ahora sólo tiene que enchufar la máquina al ordenador y a la red eléctrica. Inserte el conector en un puerto USB libre.

El programa de instalación

Si su impresora cumple la norma Plug & Play, Windows la detectará tan pronto como la encienda. Si la detecta, aparecerá un mensaje en la parte inferior derecha de la pantalla, informando de que ha encontrado un nuevo hardware y de que se dispone a instalarlo. Es muy probable que, en algún momento, el sistema le pida que inserte el disco del fabricante para obtener la información necesaria. Insértelo en la unidad de CD-ROM y siga las instrucciones del programa, que serán pocas y muy sencillas.

PRÁCTICA:

Si Windows no la instala automáticamente, puede instalar la impresora de la forma que sigue:

1. Haga clic en **Iniciar** y después en Dispositivos e impresoras.

2. Haga clic en la opción Agregar una impresora. Esta acción pone en marcha el Asistente para agregar impresora, que le guiará a lo largo del proceso.

3. Si su impresora va conectada al ordenador por medio de un cable, haga clic en Agregar una impresora local. Si es inalámbrica, haga clic en Agregar una impresora de red, inalámbrica o Bluetooth. Haga clic en **Siguiente** para continuar.

4. El cuadro siguiente solicita un puerto para la impresora. El puerto es el conector del ordenador al cual va enlazado el cable de la impresora. Las impresoras

modernas suelen conectarse a un puerto USB. La lista desplegable de este cuadro permite seleccionar el puerto. Haga clic en **Siguiente** para continuar.

5. El siguiente cuadro del Asistente solicita el tipo de impresora. Inserte el disco de instalación en la unidad de CD-ROM y haga clic en la opción Usar disco. Vea la figura 3.8.

Nota: Al utilizar la opción Usar disco, muchas veces hay que indicar a Windows en qué unidad de disco se encuentra el CD. El cuadro de diálogo Instalar desde disco puede indicar una unidad que no es la que contiene el CD. Haga clic en la flecha abajo para seleccionar la unidad correcta. (El capítulo 4 explica la correspondencia entre unidades y letras). También puede hacer clic en el botón **Examinar**.

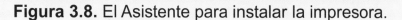

Figura 3.8. El Asistente para instalar la impresora.

6. El Asistente le ofrecerá la opción de imprimir una página de prueba. Con ello, podrá verificar que la impresora funciona correctamente. Haga clic en **Siguiente** para continuar.

7. Una vez verificado el funcionamiento, haga clic en **Finalizar**.

Al terminar el proceso de instalación, la impresora aparecerá en la ventana Dispositivos e impresoras.

Junto a ella, aparecerá una marca verde que indica que se trata de la impresora predeterminada, es decir, aquella que Windows utilizará para imprimir, a menos que se le indique otra cosa. Puede verla en la figura 3.9.

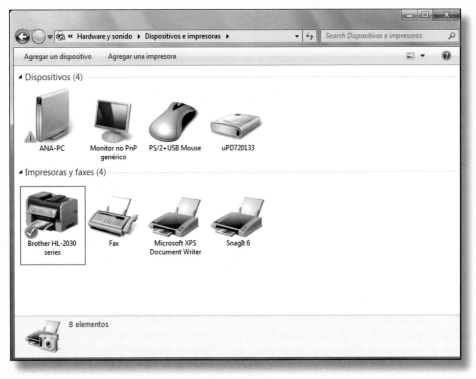

Figura 3.9. La impresora instalada con la marca verde de predeterminada.

Instalar un escáner

PRÁCTICA:

Pruebe a instalar el escáner, si no se instala conjuntamente con la impresora.

1. Haga clic en el botón **Iniciar** y después en Todos los programas>Fax y escáner de Windows.

2. Siga las instrucciones del Asistente que aparece en la figura 3.10.

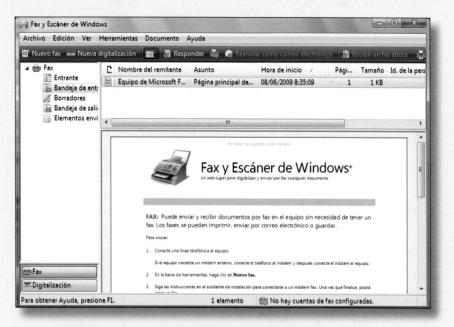

Figura 3.10. Ayuda para instalar un escáner.

Instalar otros accesorios

Si tiene que instalar cualquier otro accesorio en el ordenador, conecte el dispositivo. Por lo general, Windows lo reconocerá y lo instalará automáticamente.

Si necesita datos, le pedirá que inserte el disco de instalación del fabricante.

En todo caso, el Asistente de Windows le guiará en todo el proceso, que será similar al de la instalación de la impresora.

Figura 3.11. Windows reconoce e instala automáticamente algunos dispositivos. El mensaje de la barra de tarreas lo advierte.

Retirar dispositivos de puertos USB

De igual forma que Windows detecta los dispositivos que se conectan a un puerto USB y muestra una indicación de que está instalado y puede utilizarse, también conviene que Windows controle la retirada de esos dispositivos.

Para ello, antes de retirar el cable que lo conecta al USB, haga clic en el botón **Quitar hardware de forma segura y expulsar el medio**, que se encuentra en el extremo derecho de la barra de tareas, junto al altavoz y el reloj.

Figura 3.12. El botón para quitar hardware.

Una vez que aparezca el mensaje indicando que ya puede retirar el dispositivo, retire el conector con cuidado.

Figura 3.13. Ahora puede retirar el dispositivo.

 **Nota:** Si no consigue ver el icono de quitar hardware o cualquier otro de los iconos de la barra de tareas, es porque están ocultos. Para hacerlos visibles, haga clic en el botón **Mostrar iconos ocultos**,  que muestra una flecha arriba.

DISPOSITIVOS MULTIMEDIA

Multimedia es el plural de la palabra inglesa de origen latino *multimedium* y se refiere a los programas que se pueden almacenar en varios soportes físicos. Por ejemplo, una enciclopedia en CD-ROM con textos, imágenes y sonido. El ordenador multimedia, por tanto, es aquel que dispone de los recursos necesarios para gestionar ese tipo de obras y programas. Todos los ordenadores modernos tienen recursos multimedia.

LA TARJETA GRÁFICA Y LA TARJETA DE VÍDEO

La tarjeta gráfica permite ver en la pantalla imágenes, dibujos y fotografías. La tarjeta de vídeo permite reproducir animaciones y películas.

Los ordenadores modernos llevan incorporados estos elementos, además de las unidades de lectura y escritura de CD-ROM, CD y DVD que vimos en el capítulo 2.

LA TARJETA DE SONIDO

De la misma forma, el ordenador lleva incorporada una tarjeta de sonido, cuyos efectos se perciben a través de los altavoces, como vimos en el capítulo 1.

Control del volumen de los altavoces

• Si van incorporados a la pantalla, como sucede con muchas pantallas planas, el volumen de los altavoces se puede controlar mediante el menú de la pantalla, al que se accede pulsando uno de los botones de la misma. Suele haber un botón con el icono de un altavoz y una flecha arriba o abajo para aumentar o disminuir el volumen o una opción en el menú de la pantalla. Obsérvelos en la parte inferior de la pantalla de la figura 4.1.

Figura 4.1. Los botones de la pantalla permiten controlar el volumen de los altavoces.

- Si son autónomos, pueden llevar un botón de volumen.

Figura 4.2. Los botones para controlar el volumen y los graves.

Control del volumen de la tarjeta de sonido

La tarjeta de sonido del ordenador tiene también su propio control de volumen. Se trata de un icono con la forma de un altavoz, situado en el extremo derecho de la barra de tareas de

Windows, en la esquina inferior derecha de la pantalla. Observe que, al aproximarle el ratón, aparece una información que lo indica.

PRÁCTICA:

Pruebe a hacer clic en el altavoz de la barra de tareas para desplegar el control de sonido. Haga clic en el control deslizante y, sin soltar el botón izquierdo del ratón, arrástrelo hacia arriba para aumentar el volumen o hacia abajo para disminuirlo. Para ocultar de nuevo el control de volumen, haga clic en una zona vacía del Escritorio.

Figura 4.3. El control de volumen de la tarjeta de sonido.

PRÁCTICA:

Examine los controles de sonido:

1. Haga clic en la opción Mezclador del control de volumen. Se abrirá una ventana con los controles para los altavoces y para los sonidos de Windows.

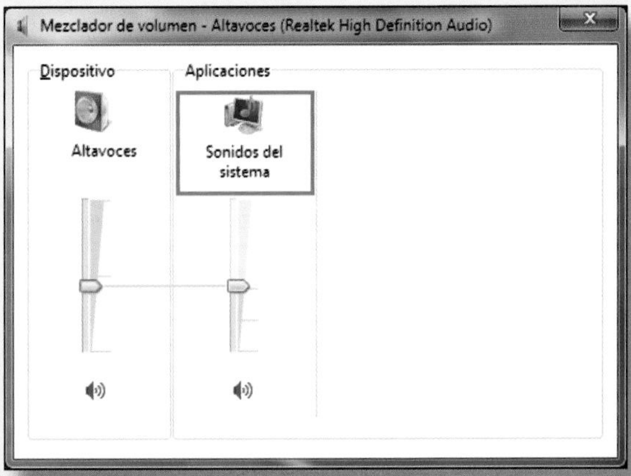

Figura 4.4. El mezclador de volumen.

2. Haga clic en el icono Sonidos del sistema para abrir el cuadro de diálogo Sonido.

3. Para probar los sonidos, seleccione un evento en la lista Eventos, por ejemplo, Notificación de correo nuevo.

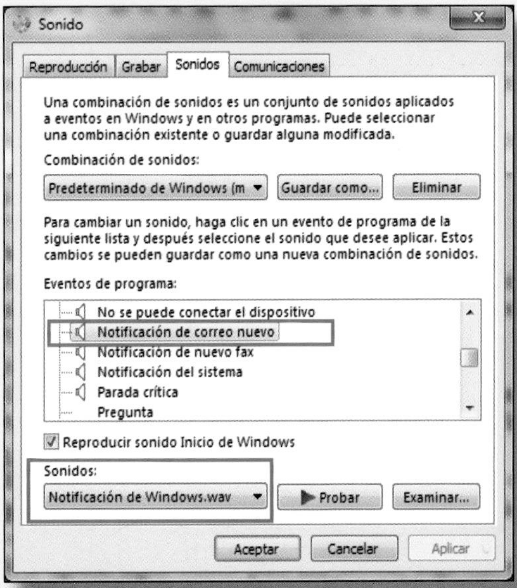

Figura 4.5. El cuadro de diálogo para controlar todos los sonidos del ordenador.

4. Haga clic en la lista desplegable Sonidos para elegir el sonido que desee, por ejemplo, Notificación de Windows. Haga clic en **Probar**. Será el sonido que escuche cuando reciba un mensaje de correo electrónico a través de un programa de correo, como Windows Live Mail.

5. Si le agrada algún sonido para una acción, haga clic en **Aceptar**. Si no desea escuchar sonidos, seleccione Ninguno en la lista.

6. Cierre el cuadro de diálogo Sonidos y el Mezclador haciendo clic en los botones en forma de aspa situados en la esquina superior derecha.

Silencio

El pequeño icono con forma de altavoz que aparece bajo los controles de sonido tiene también la función de silencio.

Si aparece marcado con una señal de Stop, no se escuchará el sonido de su ordenador. Para escucharlo, haga clic en la señal de Stop.

Figura 4.6. Los altavoces silenciados.

LA GRABADORA DE SONIDOS

Windows trae incorporado un dispositivo virtual que permite grabar sonido con un micrófono. Si dispone de un micrófono que pueda conectar al ordenador, es decir, que tenga un conector apto para insertarlo en uno de los puertos de audio de la trasera del ordenador (los vimos en el capítulo 1), puede realizar la siguiente prueba de grabación de voz.

PRÁCTICA:

En primer lugar, pruebe el micrófono.

1. Conecte el micrófono al puerto de audio correspondiente que está junto al puerto de los altavoces y que puede llevar un pequeño dibujo en forma de micrófono. También puede llevar la palabra "mic". Algunos ordenadores llevan puertos de audio en la parte delantera de la caja. Los portátiles suelen llevar el micrófono incorporado.

2. Haga clic con el botón derecho en el icono de control de volumen para abrir el menú contextual y seleccione Dispositivos de grabación. Observe que este menú da también acceso al Mezclador y al cuadro de diálogo Sonidos.

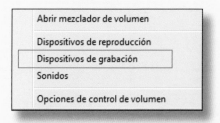

Figura 4.7. El menú contextual da también acceso al Mezclador y al cuadro de diálogo Sonidos.

3. En la ficha Grabar, haga clic en Micrófono. Hable o cante para comprobar el volumen. La zona verde de la derecha no debe saturar.

Figura 4.8. Pruebe el volumen del micrófono en este cuadro de diálogo.

4. Si necesita aumentar el volumen de sonido en la grabación, haga clic en el micrófono para seleccionarlo y después en el botón **Propiedades**.

5. En el cuadro de diálogo Propiedades, seleccione la ficha Niveles (véase figura 4.9) y arrastre los controles deslizantes para ajustar el volumen.

6. Haga clic en **Aceptar** para cerrar cada cuadro.

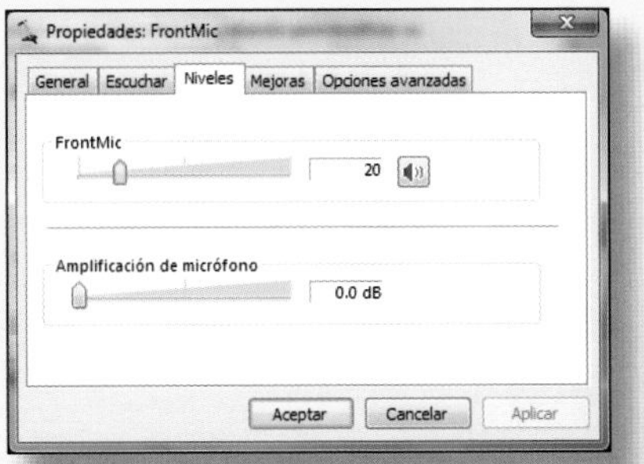

Figura 4.9. El cuadro Propiedades del micrófono permite controlar el volumen de la grabación.

PRÁCTICA:

Pruebe ahora a grabar un sonido.

1. Haga clic en el botón **Iniciar** de Windows y, en el menú Inicio, haga clic en Todos los programas>Accesorios>Grabadora de sonidos.

2. Cuando aparezca en la pantalla la Grabadora de sonidos de Windows, haga clic en el botón rojo para empezar a grabar.

Figura 4.10. La Grabadora de sonidos.

3. Aproxímese al micrófono y diga una frase cualquiera, por ejemplo, "Estoy realizando una prueba de grabación con mi ordenador".

4. Cuando termine de hablar, haga clic en Detener grabación.

5. Al detener la grabación, se abrirá el cuadro de diálogo Guardar como. Haga clic en Sin título y escriba el nombre del archivo de sonido, por ejemplo, "Prueba de grabación", y haga clic en **Guardar**.

   Si no le indica otra cosa, Windows lo guardará en la carpeta Mi música. Véase la figura 4.11.

6. Para escuchar la grabación, abra el Explorador de Windows, localice el archivo de sonido que ha guardado y haga doble clic sobre él.

   Se abrirá el Reproductor de Windows Media y podrá escuchar su grabación. Véase la figura 4.12.

Figura 4.11. Al detener la grabación aparece un cuadro
de diálogo para guardarla.

Figura 4.12. Al hacer doble clic en el archivo de sonido, se pone
en marcha el Reproductor de Windows Media.

MEMORIAS EXTERNAS Y MP3

Los modernos dispositivos que se utilizan para grabar y oír
música, como los llamados Mp3, pueden almacenar no
solamente música, sino también datos, imágenes o vídeo,
directamente del ordenador, conectándolos a un puerto USB.

PRÁCTICA:

Si dispone de un reproductor MP3, Mp4 o iPod, puede conectarlo al ordenador insertándolo en un puerto USB libre. Los hemos descrito en el capítulo 1.

Reconocimiento de dispositivos externos

Si inserta un dispositivo Mp3 en un puerto USB, Windows lo reconoce como dispositivo de sonido, dispositivo portátil o como un disco extraíble y le asigna una letra seguida de dos puntos, la siguiente a la última que tenga asignada, según el método siguiente.

- Las letras A: y B: están asignadas a dos posibles disqueteras, aunque el ordenador no tenga ninguna. Los ordenadores modernos no las utilizan.

- El disco duro llevará asignada la letra C:

- Si hay una unidad de CD-ROM, el sistema le habrá asignado la letra D:

- Si hay una segunda unidad de CD-ROM, por ejemplo, DVD, le habrá correspondido la letra E:

- Si inserta una memoria externa, un Mp3 o una cámara fotográfica, el sistema le asignará la letra F: Y así sucesivamente.

Una vez reconocido el reproductor de Mp3, ya puede copiar en él los archivos de música que tenga almacenados en el disco duro. Después podrá extraer el dispositivo y reproducir en él los archivos copiados. Recuerde que, antes de extraerlo, deberá hacer clic en el botón **Quitar hardware con seguridad**, como vimos en el capítulo 3.

PRÁCTICA:

Para copiar los archivos Mp3 del disco duro al reproductor de Mp3, haga lo siguiente:

1. Inserte el dispositivo en un puerto USB.

2. Si es la primera vez, Windows mostrará un globo en la barra de tareas informando de que está instalando el nuevo dispositivo. La instalación es totalmente automática.

3. Cuando aparezca el cuadro de diálogo Reproducción automática, haga clic en Abrir dispositivo para ver archivos con Explorador de Windows.

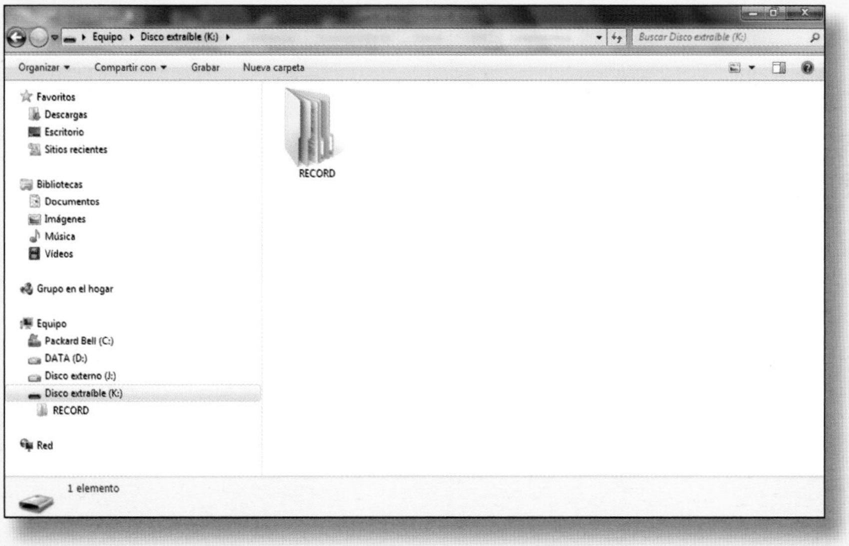

Figura 4.13. El reproductor Mp3 aparece en el Explorador de Windows como un disco extraíble con una letra asignada.

4. Para copiar archivos del ordenador al dispositivo, haga clic en la carpeta del ordenador en la que se encuentren los archivos a copiar, por ejemplo, Mi música, para copiar archivos sonoros, Mis imágenes,

para copiar imágenes o fotografías, etc. Los archivos aparecerán en la ventana derecha del Explorador de Windows, al hacer clic en la carpeta que los contiene.

5. Haga clic en uno de los archivos en la zona derecha y, sin soltar el botón del ratón, arrástrelo hasta colocarlo encima del disco extraíble, en la zona izquierda. Cuando el archivo a copiar aparezca encima del disco extraíble, suelte el botón del ratón. Windows presentará el cuadro de diálogo Copiar.

- Para copiar varios archivos a la vez, selecciónelos todos y arrástrelos sobre el dispositivo Mp3. Para seleccionar archivos contiguos debe hacer clic en el primero, pulsar la tecla **Mayús** y hacer clic en el último. Para seleccionar archivos no contiguos, mantenga pulsada la tecla **Control** y haga clic en todos los que desee seleccionar.

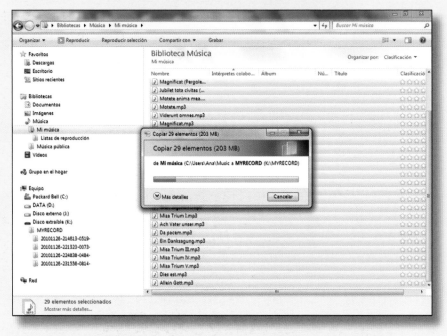

Figura 4.14. Al soltar el botón del ratón, Windows copia el archivo o grupo de archivos.

6. Cuando termine de copiar los archivos, cierre el Explorador de Windows haciendo clic en el botón **Cerrar**, que tiene forma de aspa, situado en la esquina superior derecha.

Los comandos Copiar y Pegar

Si le resulta incómodo copiar los archivos al Mp3 arrastrándolos con el ratón, siempre puede usar los comandos Copiar y Pegar:

1. Seleccione el archivo o archivos a copiar.

2. Haga clic en Organizar para desplegar el menú y seleccione la opción Copiar.

3. Haga clic en el dispositivo al que va a copiar los archivos.

4. Haga clic de nuevo en Organizar y elija la opción Pegar.

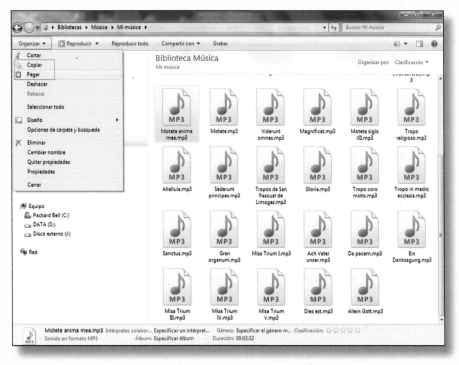

Figura 4.15. Copiar y pegar en el menú Organizar.

LA WEBCAM Y EL MICRÓFONO

La cámara Web o webcam permite ver en la pantalla del ordenador a la persona con la que se establece comunicación. Si se dispone de un micrófono, además de verse es posible hablarse.

Figura 4.16. La cámara Web permite ver al interlocutor en la pantalla del ordenador.

Estas cámaras se conectan al ordenador a través de un puerto USB. Llevan un CD-ROM con un programa para controlar su funcionamiento aunque no suele ser necesario porque Windows las reconoce e instala automáticamente. Algunas llevan el micrófono incorporado.

Los ordenadores portátiles modernos llevan la webcam y el micrófono incorporados y activados.

Se utilizan frecuentemente con un programa de mensajería instantánea, con el que es posible comunicarse directamente con otras personas a través de Internet.

Microsoft tiene un programa de mensajería instantánea llamado Windows Live Messenger que se descarga fácilmente de Internet. Es muy fácil de utilizar y permite comunicarse en directo con otros usuarios.

Figura 4.17. Windows Live Messenger permite comunicarse en directo con otros usuarios.

 **Nota:** Podrá encontrar el método para descargar Windows Live en los títulos de esta misma colección *Redes sociales, Fotografía digital. Edición 2011, Acceda al mundo sin salir de casa con Internet* e *Internet edición 2009*.

Conexión de cámaras digitales al ordenador

Las modernas cámaras digitales, ya sean de fotografías o de vídeo, se conectan al ordenador para volcar en el disco duro las fotografías o la película y visualizarlas después en la pantalla.

Una vez almacenadas en el disco duro, también se puede grabar un CD con las fotografías o un DVD con las películas y verlas en la pantalla del televisor.

Los reproductores de DVD suelen reproducir fotografías digitales en el formato habitual que es JPEG.

 **Nota:** JPEG es un formato de archivos de imagen que las comprime para que ocupen menos espacio sin perder calidad. Las cámaras fotográficas digitales crean ese tipo de imágenes que luego se trasladan al ordenador.

Las cámaras digitales suelen venir acompañadas de un CD-ROM que instala en el ordenador un programa para manejar las imágenes o las películas grabadas, aunque Windows reconoce las cámaras modernas sin necesidad de instalación.

Las cámaras llevan también un cable con dos conectores, uno que se inserta en la máquina y otro que se inserta en un puerto USB del ordenador.

Veremos, como ejemplo, la forma de volcar en el disco duro del ordenador las fotografías de una cámara digital.

 **Nota:** Si su ordenador tiene una ranura para insertar la tarjeta de la cámara de fotos, no necesita conectar la cámara. Basta con introducir dicha tarjeta en la ranura para así acceder a las fotografías. Windows la detectará de forma automática.

PRÁCTICA:

Si dispone de una cámara de fotografía digital, puede conectarla al ordenador de la siguiente manera:

1. Conecte el cable a la cámara por el extremo opuesto al conector USB. Suele ser el conector más estrecho.

   La cámara ha de tener una entrada en la que se ajuste perfectamente el conector del cable.

2. Conecte el otro extremo del cable a un puerto USB del ordenador y encienda la cámara.

Figura 4.18. Los dos conectores del cable.
Uno va a un puerto USB y, el otro, a la cámara.
Este cable suele ser idéntico al del Mp3.

3. Cuando Windows detecte la cámara, la considerará un nuevo disco extraíble y le asignará una letra. Cuando se abra el cuadro de diálogo Reproducción automática, haga clic en Importar imágenes con Windows.

4. Windows le pedirá un título para el grupo de fotografías a importar. No es obligatorio, pero le servirá para distinguirlo de otros grupos que tenga en el ordenador. Tanto si escribe un nombre como si deja la casilla en blanco, haga clic en **Importar**.

5. Las fotografías aparecerán en la Biblioteca de imágenes del Explorador de Windows. Véase la figura 4.19.

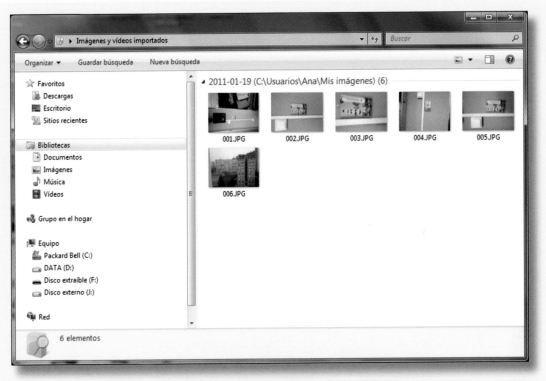

Figura 4.19. Las fotografías en la Biblioteca
de imágenes de Windows.

6. Ahora puede copiar o mover las fotografías a otro
lugar del ordenador o a otro dispositivo externo, como
un lápiz de memoria o un disco. Si lo lleva a una
tienda, se las imprimirán por unos céntimos de euro.

PRÁCTICA:

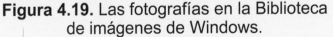

Visualice e imprima sus fotografías:

1. Localice la fotografía importada con el Explorador
de Windows (si no la ha movido, estará en la carpeta
Mis imágenes en la Biblioteca de imágenes.

2. Haga doble clic sobre ella para verla en el Visualizador de fotos de Windows.

3. Si está horizontal y quiere enderezarla, haga clic en el botón **Girar hacia la derecha**, situado en la barra de herramientas inferior del Visualizador. Tiene forma de flecha girando.

4. Para imprimirla, haga clic en el menú Archivo y después en Imprimir.

5. Acerque el ratón a los botones y opciones de menú para ver las tareas que le permiten realizar.

Figura 4.20. La fotografía en el Visualizador de fotos de Windows.

5

EL MUNDO DEL SOFTWARE

Llamamos software al conjunto de programas que hacen funcionar al ordenador, ya sea de forma general o de forma específica.

Software es, como la mayoría de las palabras que se refieren a la informática, un término inglés que se podría traducir por lógica, la parte intangible del ordenador.

Los programas que forman el software vienen grabados en soportes físicos como CD-ROM, a partir de los cuales se pueden instalar en el disco duro.

CLASES DE PROGRAMAS

Un programa es un conjunto de instrucciones que el ordenador interpreta para ejecutar determinada tarea. Básicamente, podemos distinguir tres clases de programas:

- Los sistemas operativos. Son programas que hacen que el ordenador funcione de forma general, es decir, que responda a instrucciones generales como leer un disco, imprimir un documento, representar una fotografía o un dibujo, reproducir un sonido o instalar otros programas. Uno de los sistemas operativos más utilizados es Windows, que suele venir preinstalado en el disco duro. La versión actual de Windows es Windows 7 (véase la figura 5.1).

- Las aplicaciones. Son programas que hacen que el ordenador ejecute tareas específicas y especializadas. Por ejemplo, los procesadores de textos que permiten escribir y editar textos, como Microsoft Word; las hojas de cálculo, que permiten realizar cálculos sencillos o complejos, como Microsoft Excel; los programas multimedia, que permiten reproducir y grabar archivos de sonido y vídeo, como el Reproductor de Windows Media; los programas de diseño gráfico y retoque fotográfico, que permiten dibujar y manipular imágenes y dibujos, como Adobe Photoshop, etc (véase la figura 5.2).

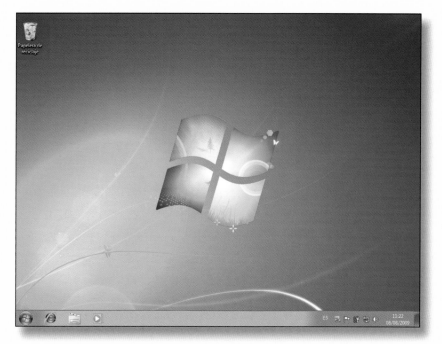

Figura 5.1. Windows 7 es uno de los sistemas
operativos más conocidos y utilizados.

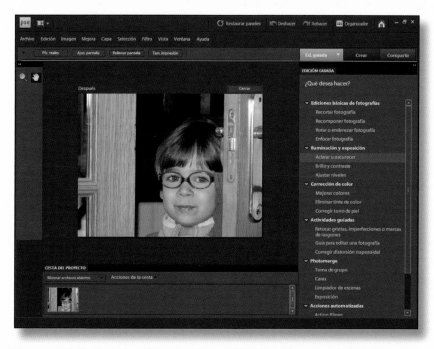

Figura 5.2. Adobe Photoshop Elements es un programa
de diseño gráfico y retoque fotográfico.

- Los lenguajes de programación. Son similares a idiomas que permiten entenderse con el ordenador y escribir instrucciones que generen nuevos programas. Por ejemplo, Basic, Cobol, Pascal, Delphi, Java.

LA FUNCIÓN DEL SISTEMA OPERATIVO

Los sistemas operativos son programas muy potentes que hacen que el ordenador "opere." Entre sus funciones está el control de la comunicación entre la máquina, el usuario y los restantes programas que se ejecutan. Podemos considerar al sistema operativo, por tanto, como nuestro interlocutor con el ordenador. Él nos traduce los mensajes de la máquina y de los programas y traduce a la máquina nuestras instrucciones.

Al poner en marcha el ordenador, el sistema operativo se inicia inmediatamente y comprueba que todos los componentes, tanto físicos (hardware) como lógicos (software), funcionan o pueden funcionar correctamente. Todas las tareas que haya de realizar cualquier programa, tendrá que llevarlas a cabo a través del sistema operativo. Por ello es imprescindible que los programas sean compatibles con la versión del sistema operativo instalada, ya que, de lo contrario, se producen conflictos y rechazos. Y, también por ello, la mayoría de los distintos programas que se pueden adquirir para escribir, calcular, hacer presentaciones, gestionar registros, dibujar, editar sonido o vídeo, etc., son compatibles con Windows, que es, como hemos dicho, uno de los sistemas operativos más difundidos.

Nota: Si adquiere un programa o un aparato para su ordenador, recuerde que ha de ser compatible con su sistema operativo. De lo contrario, no funcionará.

Acceso a los programas instalados

Todos los programas que instalamos en el ordenador se configuran a través de Windows, que se ocupa de comprobar que son aptos para trabajar con sus requisitos. Durante la instalación, Windows aloja los programas en carpetas virtuales dentro del disco duro, para que podamos localizarlos más fácilmente. Todas estas carpetas están situadas dentro de una carpeta general llamada Archivos de programas, a la que podemos acceder a través del menú Inicio.

PRÁCTICA:

Ahora puede probar a acceder a alguno de los programas instalados en su ordenador, utilizando el menú Inicio.

1. Haga clic en el botón **Iniciar**. Al desplegarse el menú Inicio, haga clic en la opción Todos los programas.

2. Haga clic en Juegos.

3. Pruebe un juego, por ejemplo Carta blanca.

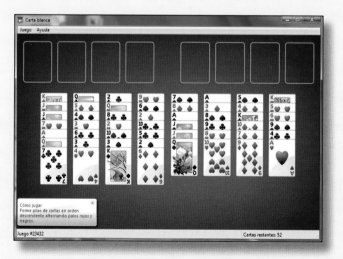

Figura 5.3. Un juego de Windows 7.

INSTALAR Y DESINSTALAR PROGRAMAS

Instalar y desinstalar programas son dos procesos similares.

Instalar

PRÁCTICA:

Pruebe a instalar un programa:

1. Inserte el disco en la unidad de CD o DVD.
2. Cuando aparezca el cuadro de diálogo Reproducción automática con la opción Ejecutar o instalar el programa preseleccionada, haga clic en ella para iniciar la instalación.

Figura 5.4. La opción Ejecutar el programa aparece preseleccionada.

3. Siga las instrucciones del Asistente.

Al finalizar la instalación, aparecerá un cuadro de diálogo advirtiéndolo. Si se produce un problema durante el proceso de instalación, Windows muestra un cuadro de aviso sugiriendo instalar el programa de nuevo.

PRÁCTICA:

La mejor manera de probar si un programa se ha instalado es hacer doble clic en el icono del Escritorio para ver si se pone en marcha y funciona regularmente.

Desinstalar

Desinstalar un programa conlleva un proceso similar al de la instalación. Windows ofrece una herramienta indispensable para desinstalar programas con seguridad. Es el Panel de control y se accede a él de la forma siguiente:

PRÁCTICA:

Aprenda a desinstalar programas:

1. Haga clic en el botón **Iniciar** para abrir el menú Inicio.

2. Haga clic en Panel de control.

3. Observe el Panel de control en la figura 5.5. Las tareas aparecen por grupos y uno de ellos se llama Programas. Haga clic en la opción Desinstalar un programa. Véase la figura 5.5.

4. Haga clic en el programa que quiera desinstalar para seleccionarlo.

5. Haga clic en la opción Desinstalar. Está marcada en la figura 5.6.

6. Siga las instrucciones del Asistente hasta que le indique que el programa se ha desinstalado.

Figura 5.5. El Panel de control con la opción Desinstalar un programa.

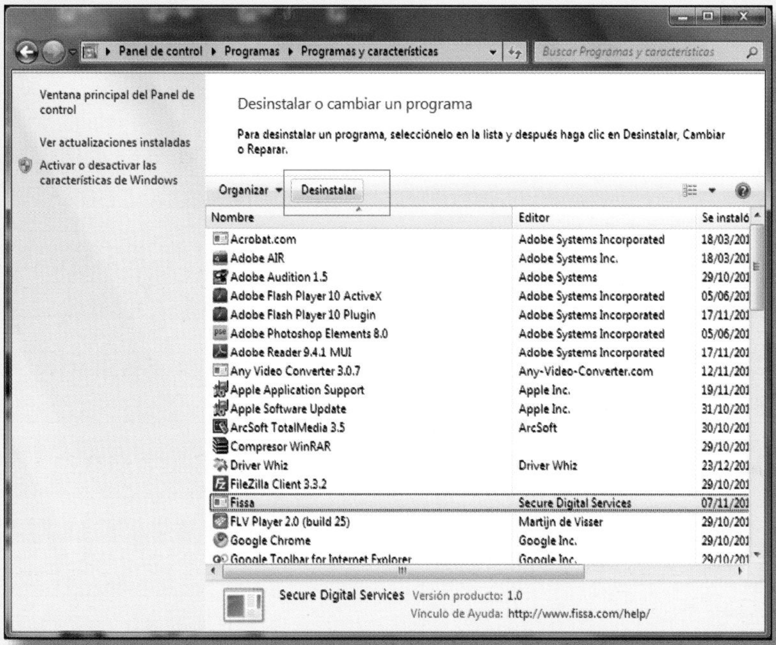

Figura 5.6. El programa a desinstalar y la opción para desinstalarlo.

Nota: Nunca borre un programa del ordenador. Desinstálelo siempre. Los programas no se limitan a colocar un icono en el escritorio y un archivo ejecutable en la carpeta Archivos de programa de Windows, sino que crean enlaces, bibliotecas y otros objetos en diversos lugares del disco duro. Si se borra el programa principal, el resto sigue funcionando y puede originar numerosos problemas.

INTERNET EXPLORER

Internet Explorer es el navegador que Windows incluye para desplazarse por Internet. Al iniciarse, Windows 7 muestra en la zona izquierda de la barra de tareas los cuatro botones siguientes:

- El botón **Iniciar** para acceder al menú Inicio.

- El botón del Explorador de Windows para acceder a las unidades, archivos y carpetas del ordenador.

- El botón de Internet Explorer para acceder a Internet y desplazarse en las páginas Web. Véase la figura 5.7.

- El botón del Reproductor de Windows Media para reproducir archivos sonoros o de vídeo.

LO MÁS INDISPENSABLE: UN ANTIVIRUS

De todos los programas que se pueden instalar en una computadora, tras el sistema operativo, el más imprescindible es el antivirus.

Figura 5.7. Internet Explorer 9 es el nuevo navegador de Microsoft.

Los virus informáticos

Los virus informáticos son programas que se introducen en el disco duro, generalmente adheridos a otros programas. Muchos de ellos mantienen una existencia larvada dentro del ordenador y se activan mediante un acontecimiento específico, como una fecha o una acción.

Los hay de muy diversas clases y condiciones. Veamos los más importante:

- Virus que se activan cuando el reloj del ordenador señala una fecha determinada, por ejemplo, el virus llamado Viernes 13.

- Virus llamados "gusanos" que se multiplican numerosas veces dentro de un ordenador o de una red.

- Virus, como el llamado "Caballo de Troya" o simplemente "troyano", que se disfrazan de otros programas conocidos, con el fin de que el usuario lo ejecute en la creencia de que se trata de uno de esos programas.

- Virus llamados espías, que se instalan dentro del ordenador y recogen información del usuario, que es utilizada después para enviarle publicidad y correo no deseado.

Sintomatología de los virus

Uno de los primeros síntomas de que el ordenador está infectado por un virus o tiene un espía instalado es que los procesos se hacen muy lentos y las respuestas a las instrucciones emplean más tiempo del habitual.

Otro síntoma es que el ordenador empieza a fallar con frecuencia, se detiene a mitad de un trabajo y se bloquea, por lo que hay que reiniciarlo. Puede también estropear algunos trabajos o programas.

En el caso de haberse introducido un espía, se reciben abundantes mensajes publicitarios de correo electrónico o información no deseada.

¿Cómo infectan los virus?

Los virus infectan al ordenador por varias vías. Las principales son las siguientes:

- Internet. Cuando navegamos por Internet, hay numerosos virus y espías dispuestos a introducirse en el disco duro de nuestro ordenador. Se encuentran en determinadas páginas Web y se instalan sin que nos demos cuenta.

- A través del correo electrónico. Los mensajes de correo electrónico pueden a veces llevar un virus que se pone en marcha tan pronto abrimos el mensaje o bien permanecer latente hasta el momento que tenga programado para activarse.

- En los programas copiados. Algunos programas gratuitos o copiados, no originales, llevan incorporado un virus informático que se instala en el ordenador al mismo tiempo que el programa.

Antivirus y antiespías

Todos los problemas anteriores se pueden evitar fácilmente instalando un antivirus en el ordenador. Si hay conexión con Internet, también es importante instalar un programa antiespías.

Los programas antivirus y antiespías se activan en el mismo momento en que se pone en marcha el ordenador y permanecen alerta para detectar cualquier amenaza que trate de introducirse en el disco duro. La mayoría de los antivirus modernos incorporan la función antiespías, por lo que no es necesario adquirir dos programas distintos.

Cuando el antivirus o el antiespías detectan la presencia de un virus o un espía, los bloquean para que no actúen y advierten al usuario de su existencia. Si se trata de un virus realmente dañino, el antivirus lo elimina. Si es un programa potencialmente nocivo, se mantiene en cuarentena para verificar si realmente se trata de un virus o solamente es una posible amenaza. En cualquier caso, el antivirus advierte al usuario de su presencia y bloquea el acceso.

Eficacia de los antivirus y antiespías

Una vez instalados, estos programas crean un icono de acceso directo en el Escritorio de Windows. Aunque analizan el ordenador y se actualizan automáticamente, a veces es necesario abrir el programa haciendo doble clic en ese icono. Los antivirus y antiespías hacen un recorrido del ordenador en busca de virus, espías o amenazas.
Si encuentran alguno, lo eliminan o preguntan al usuario si deben eliminarlo, informándole del nivel de peligro que supone.

Figura 5.8. El antivirus protege su ordenador.

Para que un antivirus o un antiespías resulte eficaz es imprescindible que haga lo siguiente:

- Examinar el ordenador periódicamente, buscando amenazas.

- En el caso de localizar un virus o espía, eliminarlo inmediatamente.

- Prevenir y advertir antes de entrar en un lugar peligroso de Internet o antes de instalar o ejecutar un programa potencialmente peligroso.

- Actualizarse automáticamente con cierta frecuencia. Los virus mutan constantemente y cada día aparecen virus nuevos en el mundo informático. Por eso, es imprescindible actualizar el antivirus con frecuencia, al menos cada 15 días.

Actualización de antivirus

Los antivirus se suelen actualizar automáticamente poniéndose en comunicación con su constructor a través de Internet, pero para ello es imprescindible mantener la conexión. Después de actualizarse, lo indican con un cuadro de aviso o con una indicación en la barra de tareas de Windows.

Si no se dispone de conexión continua con Internet, se pueden actualizar manualmente. Todos los antivirus tienen un botón, una pestaña o un menú para actualizarlos en cualquier momento. Solamente hay que conectarse a Internet y hacer clic en el botón correspondiente, que suele llamarse **Actualizar, Update, Smart Update** o algo similar.

Figura 5.9. Actualice su antivirus.

Las actualizaciones de Windows

Microsoft emite actualizaciones periódicas para mantener al día los programas que fabrica. Así, Windows 7 se actualiza automáticamente y agrega parches de seguridad y otros complementos a la instalación. Estas actualizaciones se generan a medida que el fabricante averigua la existencia de nuevas amenazas para la seguridad de los programas, por ello, es importante aceptar las actualizaciones que Windows emite, envía e instala en el ordenador.

PRÁCTICA:

Para ver las actualizaciones de Windows, haga esto:

1. Abra el Panel de control haciendo clic en **Iniciar** y luego en Panel de control.

2. Haga clic en Sistema y seguridad.

Figura 5.10. La ventana Sistema y seguridad del Panel de control.

3. Haga clic en Windows Update.

4. Observe la información de la ventana de Windows Update. Puede verla en la figura 5.11.

Figura 5.11. La ventana de Windows Update con información sobre actualizaciones.

5. Si no tiene activada la actualización automática y hay disponible alguna actualización importante, como se ve en la figura, haga clic para instalarla. Si tiene activada la actualización automática, Windows la instalará cuando apague el ordenador.

6. Haga clic en la casilla de verificación que indica la actualización importante y luego haga clic sobre **Aceptar**.

7. El equipo se reiniciará automáticamente al finalizar la descarga e instalación.

Además de estas actualizaciones importantes, Windows emite otras a las que califica de "opcionales", véase la figura 5.11. Las importantes se refieren a la seguridad de su equipo, mientras que las opcionales se refieren a puestas a día de algunos programas que tenga usted instalados, pero no es preciso instalarlas. Si no está en juego la seguridad del sistema y sus programas funcionan bien, es mejor dejarlos como están. En todo caso, si no ha modificado la automatización de actualizaciones de Windows, éstas se descargarán mientras usted mantenga la conexión con Internet y se instalarán cuando vaya a apagar el ordenador. Entonces, verá un mensaje indicando que Windows está instalando cierto número de actualizaciones y pidiéndole que no apague el equipo. Windows lo apagará al finalizar.

Cómo conseguir un antivirus

Los antivirus se pueden comprar en una tienda de Informática. Vienen en un disco y se instalan igual que cualquier otro programa. Como hemos dicho, es importante actualizarlos desde el mismo momento de su instalación, ya que puede haber numerosos virus y/o espías creados recientemente. También se pueden conseguir a través de Internet. El Ministerio de Industria tiene una página en la que se puede encontrar información sobre los virus y obtener antivirus gratuitos.

Nota: Los antivirus gratuitos funcionan bien una temporada, pero luego hay que pagar una cantidad para que continúen siendo eficaces. Algunos funcionan gratuitamente mucho tiempo, pero no se actualizan y pierden eficacia, con lo que el ordenador sigue expuesto a ataques. Es mejor comprarlos. Es el pago más rentable del mundo de la Informática, sobre todo si el ordenador se conecta a Internet.

PRÁCTICA:

Acceda a la página Seguridad del Ministerio de Industria.

1. Haga clic en el icono de Internet Explorer en la barra de tareas de Windows.

2. Escriba esta dirección en la barra de direcciones: http://www.inteco.es/Seguridad y pulse la tecla **Intro**.

3. Haga clic en INTECO-CERT. Puede ver el enlace en la figura 5.12, en la zona izquierda.

Figura 5.12. El enlace de la página Seguridad.

4. Haga clic ahora en Protección, dentro del cuadro INTECO-CERT, situado a la izquierda de la página.

Figura 5.13. Haga clic en Protección.

5. Acceda a la parte inferior de la página, haciendo clic en la barra de desplazamiento vertical de la derecha y arrastrándola hacia abajo. Ahí encontrará varios epígrafes a los que puede acceder para leer información interesante, como Recomendaciones. Haga clic en Útiles gratuitos.

6. Ahora encontrará enlaces divididos en dos bloques. Los del primer bloque, Temas, se refieren a las herramientas en sí, como Análisis de ficheros o Antivirus. Los del segundo bloque, Plataformas, se refieren al sistema operativo del ordenador. Haga clic en Windows que es su plataforma.

7. Ahora puede elegir un antivirus a descargar. Por ejemplo, AVG es un antivirus excelente que puede descargar gratis y, además, si observa la casilla Complejidad, indica Baja. Está hacia el final de la página.

8. Haga clic en AVG antivirus.

9. Cuando se abra la siguiente ventana, localice la indicación Free edition o Edición gratuita y haga clic en **Descargar**. Véase la figura 5.14.

10. Haga clic en nuevo en **Descargar**. Internet Explorer mostrará un aviso advirtiendo de que esta descarga puede dañar su equipo. Como se trata de un programa de constructor conocido descargado de una página conocida, puede aceptarlo. Para descargar el archivo en su disco duro y guardarlo en una carpeta, haga clic sobre **Guardar**.

11. Seleccione la carpeta en la que desee guardarlo. Si no indica otra cosa, Internet Explorer lo guardará en Mis documentos o en Descargas. Podrá acceder a estas carpetas utilizando el Explorador de Windows, haciendo clic en el botón de la barra de tareas.

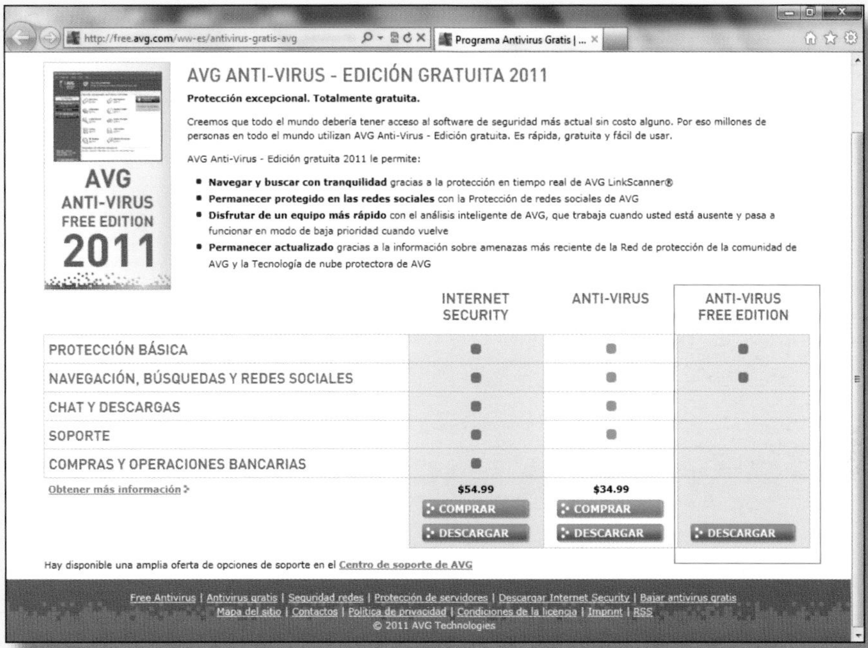

Figura 5.14. Descargue la versión gratuita.

12. Cuando termine la descarga, haga clic en **Ejecutar** o
    en **Abrir** para poner en marcha el archivo descargado
    e instalar el programa antivirus.

Figura 5.15. Internet Explorer vela por su seguridad.

PRÁCTICA DE LOS RECURSOS MULTIMEDIA

En el capítulo 4 aprendimos el manejo de algunos dispositivos multimedia del ordenador. En este capítulo veremos algunos programas multimedia capaces de gestionar vídeo y sonido.

LOS ARCHIVOS MP3

Mp3 es una tecnología para comprimir archivos de sonido. Los archivos sonoros, los que contienen música, por ejemplo, ocupan un gran espacio en el disco duro y eso dificulta el poderlos transportar fuera del ordenador o el poderlos enviar por correo electrónico. Por ello, se utiliza el formato Mp3 que comprime los archivos de sonido sin restarles apenas calidad. Una vez comprimidos, es mucho más fácil descargarlos de Internet, enviarlos por correo electrónico o guardarlos en un soporte externo, como un disco o un reproductor de Mp3.

En la figura 6.1 puede verse un archivo de música en el formato WAV, que es el habitual de Windows, y el mismo archivo en el formato Mp3. Observe la diferencia de tamaño de ambos. El archivo en formato WAV ocupa 29 MB (megabytes), mientras que el mismo archivo con formato Mp3 no ocupa más que 2,63 MB (megabytes).

 **Nota:** MB significa megabytes. El byte es la unidad de almacenamiento más común en informática y equivale a un carácter alfanumérico, es decir, a una letra o a un número. La capacidad de almacenamiento de los ordenadores modernos alcanza miles de millones de estas unidades e, incluso, billones de letras o de números.

- Mil bytes equivalen a 1 kilobyte (KB).

- Un millón de bytes equivalen a un megabyte (MB).

- Mil millones de bytes equivalen a un gigabyte (GB).
- Un billón de bytes equivalen a un terabyte (TB).

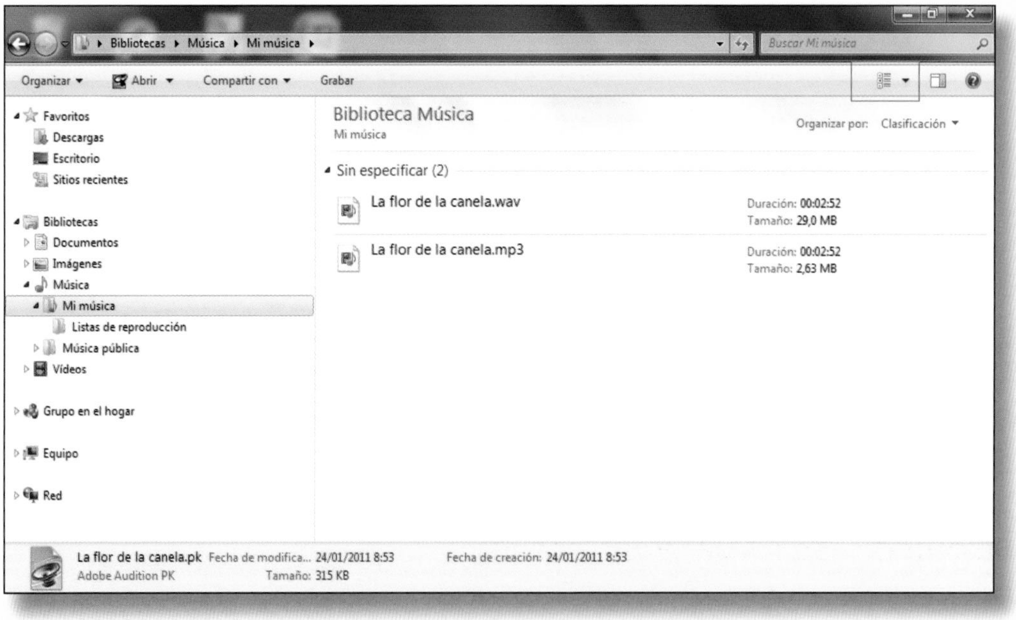

Figura 6.1. La flor de la canela en formato WAV y Mp3.

PRÁCTICA:

Para ver el tamaño de los archivos, haga lo siguiente:

1. Ponga en marcha el Explorador de Windows haciendo clic en el botón de la barra de tareas.

2. Haga clic en la Biblioteca Música y después en la carpeta Mi música. Puede verlas en la figura 6.1.

3. Haga clic en la opción. Cambie la vista y seleccione Contenido en el menú desplegable. Se encuentra en la parte superior derecha de la ventana y está señalada en la figura 6.1.

Figura 6.2. El menú Cambie la vista y la opción Contenido.

LOS ARCHIVOS COMPRIMIDOS

Además de comprimir los archivos de sonido convirtiéndolos al formato Mp3, se pueden comprimir los archivos de imagen, texto, etc., para facilitar asimismo su envío por correo electrónico y su almacenamiento.

PRÁCTICA:

Pruebe a comprimir una fotografía o imagen:

1. En el Explorador de Windows, haga clic con el botón derecho sobre la fotografía o imagen que desee comprimir. También puede comprimir un archivo cualquiera, por ejemplo, un texto.

2. Seleccione Enviar a en el menú contextual.

3. Haga clic en la opción Carpeta comprimida (en zip) en el submenú.

4. Windows creará una carpeta o archivo con el mismo nombre, pero con menor tamaño. Puede manejarla igual que la carpeta o archivo original. Para leer el

archivo comprimido, hay que descomprimirlo simplemente haciendo doble clic sobre él una vez localizado en el Explorador de Windows.

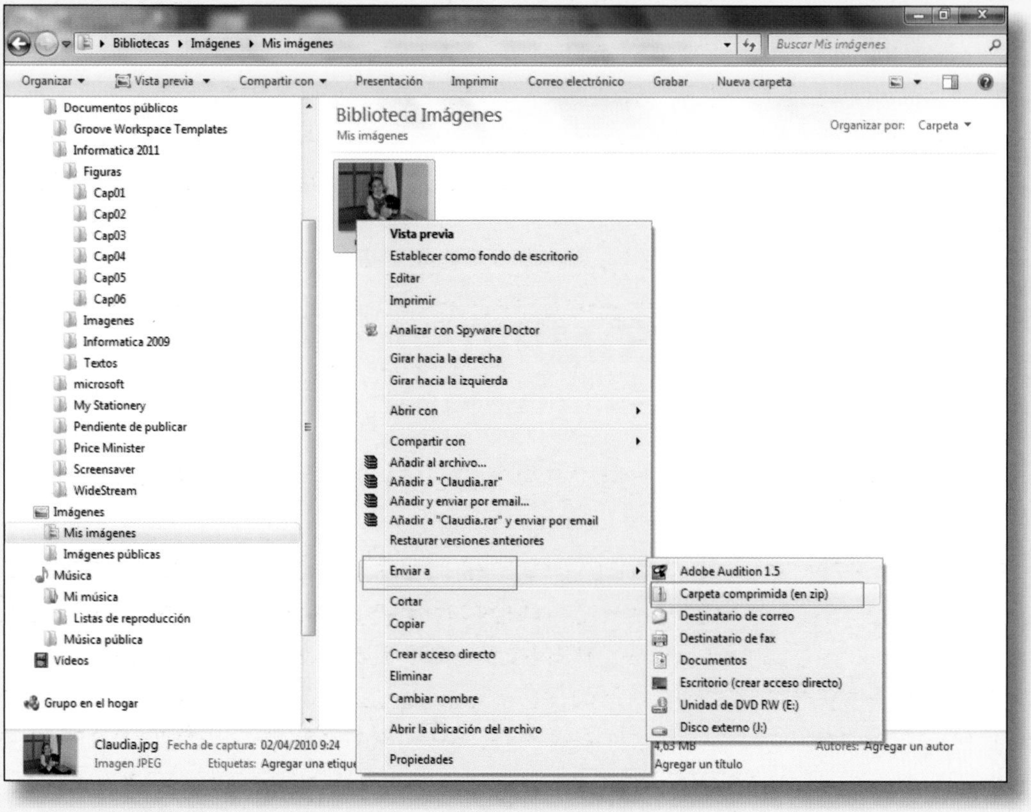

Figura 6.3. La opción Carpeta comprimida en el submenú.

Formatos de compresión

Conviene no confundir los formatos comprimidos. La compresión zip que acabamos de ver, comprime los archivos para su envío por correo electrónico o almacenamiento, pero para poder después leerlos o reproducirlos, es preciso descomprimirlos y extraerlos de la carpeta comprimida. Hay otros formatos similares como rar. También hay programas para comprimir y descomprimir archivos, como Winzip o Winrar.

Sin embargo, tanto el formato comprimido de sonido, Mp3, como el de vídeo, Avi, o el de imagen, Jpeg, son permanentes y se reproducen con un aparato físico o virtual que admita esos formatos, por ejemplo, un reproductor de Mp3 o un reproductor de vídeo moderno, que admiten discos de todas clases y suelen llevar la indicación Divx, Mp3, Jpeg, etc.

La compresión zip es, por tanto, transitoria y, una vez descomprimido, el archivo queda como estaba. La compresión Mp3, Avi o Jpeg es permanente y el archivo original se modifica, lo que siempre significa alguna pérdida de calidad. Por ello, antes de convertir un archivo de imagen, sonido o vídeo a los formatos comprimidos, conviene hacer una copia y mantener el original intacto.

EL REPRODUCTOR DE WINDOWS MEDIA

No solamente hay reproductores de Mp3 físicos como los que se llevan colgados del cuello o en un bolsillo y cuyo contenido se escucha mediante auriculares, sino que también hay reproductores de Mp3 virtuales que permiten escuchar música u otros sonidos en el mismo ordenador. Windows incluye el Reproductor de Windows Media que reproduce sonido y vídeo. No solamente puede reproducir archivos de sonido en formato Mp3, sino también en otros formatos como WAV o CD.

 **Nota:** La primera vez que ponga en marcha el Reproductor de Windows Media, aparecerá un cuadro de diálogo para configurarlo. Este proceso es automático. Solo tiene que hacer clic en el botón **Finalizar** para aceptar la opción Configuración recomendada que aparece activada.

Figura 6.4. La configuración del Reproductor de Windows Media es totalmente automática.

PRÁCTICA:

Pruebe a escuchar un disco con el Reproductor de Windows Media:

1. Inserte un CD en la unidad de CD o DVD de su ordenador.

2. Si se abre el cuadro de diálogo Reproducción automática, haga clic en la opción Reproducir CD de audio. También es posible que el Reproductor se ponga en marcha automáticamente para reproducir el disco. Véase la figura 6.5.

3. Aproxime el ratón al Reproductor, sin hacer clic, para visualizar los botones. Véase la figura 6.6.

4. Ahora, el Reproductor muestra varios botones en la parte inferior, que permiten controlar el volumen y la reproducción. Acerque el ratón a cada uno de ellos para ver lo que hace.

Figura 6.5. La Reproducción automática reconoce el CD de música.

Figura 6.6. El Reproductor en formato Reproducción
en curso con los botones.

PRÁCTICA:

Pruebe a ver una película en DVD con el Reproductor
de Windows Media:

1. Para empezar inserte un DVD en la unidad de DVD de
   su ordenador.

2. Cuando se abra el cuadro de diálogo Reproducción automática, haga clic en la opción Reproducir película de DVD. También es posible que la reproducción se ponga en marcha automáticamente.

Figura 6.7. El Reproductor de Windows Media reproduciendo un DVD.

Nota: Si cierra por error el cuadro de diálogo Reproducción automática, hágala aparecer de nuevo volviendo a abrir y cerrar la unidad de CD o DVD con el disco dentro.

Nota: Si el archivo de sonido o de vídeo se encuentra dentro del ordenador, localícelo en el Explorador de Windows y luego haga doble clic sobre él o bien selecciónelo y entonces haga clic en la opción Reproducir, en la barra de menú del Explorador. Si no ha seleccionada nada, la opción se llamará Reproducir todo.

Figura 6.8. La opción Reproducir o Reproducir todo se activa cuando hay música o video en una carpeta.

Abrir y cerrar el Reproductor de Windows Media

El botón para iniciar el Reproductor de Windows Media se encuentra en la barra de tareas de Windows junto al del Explorador. Haga clic en él para ponerlo en marcha.

Para cerrar el Reproductor de Windows Media, haga clic en el botón **Cerrar** que tiene forma de aspa, el cual está situado en la esquina superior derecha de la ventana.

Si activa los menús como veremos a continuación, también puede hacer clic en el menú Archivo y seleccionar la opción Salir. Puede verla en la figura 6.9.

Vista en modo Pantalla completa

Para ver la película en toda la pantalla del ordenador, haga clic en el botón Ver a pantalla completa en el extremo inferior derecho de la ventana del Reproductor.

Los menús del Reproductor de Windows Media

El Reproductor de Windows Media no solamente permite oír un disco o ver una película, sino que ofrece un menú de opciones que se despliega de dos maneras:

- Haciendo clic con el botón derecho del ratón en el extremo superior izquierdo de la ventana y seleccionando la opción deseada en el menú contextual, como, Archivo>Salir, para cerrar el Reproductor. El menú se cierra después de utilizarlo.

- Seleccionando en el menú contextual la opción Mostrar barra de menús. Está señalado en la figura 6.9. Los menús quedan fijos en la parte superior del Reproductor.

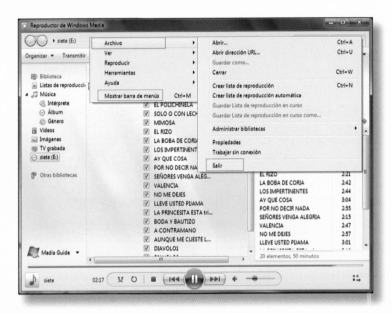

Figura 6.9. El menú contextual aparece al hacer clic con el botón derecho del ratón en la esquina superior izquierda de la ventana del Reproductor.

PRÁCTICA:

Pruebe a ver una película o a escuchar un archivo de sonido guardados en el disco duro, utilizando el menú:

1. Ponga en marcha el Reproductor de Windows Media haciendo clic en el botón de la barra de tareas.

2. Haga clic con el botón derecho del ratón en la esquina superior izquierda de la ventana y seleccione la opción Mostrar barra de menús en el menú contextual. Puede ver la barra de menús en la figura 6.10.

Figura 6.10. El cuadro de diálogo Abrir permite abrir archivos de sonido o vídeo.

3. Haga clic en el menú Archivo y después en Abrir.

4. En el cuadro de diálogo Abrir, haga doble clic en la carpeta que contiene el archivo y, una vez abierta, haga doble clic en el archivo.

5. Cuando el nombre del archivo de música o vídeo aparezca en la casilla Nombre, haga clic en **Abrir**.

Nota: Windows irá a buscar el archivo a abrir a las bibliotecas Música o Vídeo, que son las carpetas predeterminadas para guardar archivos de sonido o vídeo. Si su archivo sonoro o su película están en una carpeta diferente, haga clic en ella en la parte izquierda del cuadro de diálogo Abrir. Cuando el contenido aparezca en la parte derecha, haga clic en el archivo a reproducir y a continuación sobre el botón **Abrir**.

Copiar pistas de un CD al disco duro

El Reproductor de Windows Media permite copiar pistas de un disco al ordenador y grabarlas después en formato Mp3, de manera que se puedan enviar por Internet o copiar a un disco o a un reproductor físico de Mp3.

Una vez copiadas las pistas del disco al ordenador, se puede copiar el disco completo a un CD en blanco o bien mezclar en un CD distintas pistas de varios discos copiados.

PRÁCTICA:

Para copiar pistas al disco duro, haga lo siguiente:

1. Inserte el CD en el lector de CD o CD-ROM.

2. Si el Reproductor de Windows Media se inicia en formato Reproducción en curso, como se ve en la figura 6.6, haga clic sobre el botón **Cambiar a biblioteca**, situado en el extremo superior derecho de la ventana. Está señalado en esta figura.

3. Haga clic en el botón **Mostrar comandos adicionales**, que tiene la forma **>>**. Cuando se despliegue el menú, haga clic en Copiar desde CD.

4. El Reproductor empezará a copiar las pistas del CD a la carpeta Mi música del disco duro. Si no desea copiar todas las pistas, deberá desactivar las casillas de verificación situadas junto a las pistas, haciendo clic en ellas. Vea que todas están activadas en la figura 6.11.

Figura 6.11. La opción Copiar desde CD pone en marcha la copia de pistas del CD al disco duro.

Grabar un CD

Una vez copiadas a su disco duro las pistas de uno o varios CD, puede grabar con ellas un nuevo CD o bien convertirlas al formato Mp3 para copiarlas después a un reproductor de Mp3.

También puede copiar varios discos en el ordenador y después copiar todas las pistas en formato Mp3 a un CD y reproducirlas en un reproductor de CD que lea Mp3. Conseguirá un disco de muy larga duración para tener música toda la tarde.

La forma más sencilla de grabar un disco es utilizar el cuadro de diálogo Reproducción automática.

Figura 6.12. El cuadro de diálogo Reproducción automática con la opción para grabar un disco vacío.

PRÁCTICA:

Pruebe a grabar en un disco música almacenada en su ordenador:

1. Inserte un CD en blanco en la unidad de discos. Se abrirá el cuadro de diálogo Reproducción automática con las opciones que muestra la figura 6.12.

2. Haga clic en la opción Grabar un CD de audio.

3. En el Reproductor de Windows Media, haga clic en Música, en la parte superior izquierda, bajo Bibliotecas. Puede verla en la figura 6.13.

Figura 6.13. Arrastre las pistas seleccionadas a la derecha.

4. Localice las pistas de música que quiera grabar. Haga clic en la barra de desplazamiento vertical para desplazarse a la parte inferior de la ventana. Está señalada en la figura 6.13.

5. Haga clic para seleccionar la pista o pistas que quiera grabar. Para seleccionar varias pistas contiguas, pulse la tecla **Mayús**, haga clic en la primera y luego en la última. Si no son contiguas, pulse la tecla **Control** y haga clic en cada una de las pistas.

6. Una vez seleccionadas, arrástrelas con el ratón hasta la zona de la derecha, donde indica Arrastrar elementos aquí.

7. Cuando haya pistas en la zona derecha, el Reproductor las convertirá en una lista de grabación y activará la opción Iniciar grabación, situada en la parte superior de esta ventana. Haga clic en ella para empezar a grabar. Puede verla en la figura 6.14.

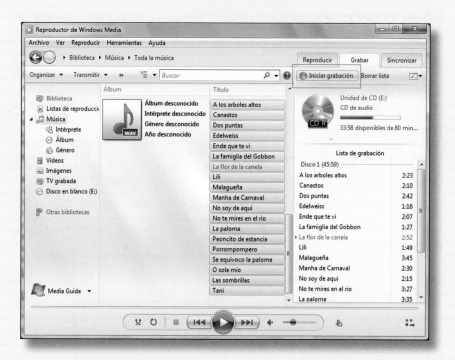

Figura 6.14. Las pistas a grabar aparecen en la lista de la derecha y se activa la opción Iniciar grabación.

Convertir a Mp3

PRÁCTICA:

Para convertir pistas de un CD al formato Mp3, haga esto:

1. Abra el Reproductor de Windows Media haciendo clic en el botón de la barra de tareas.

2. Si ha activado la barra de menús, como vimos anteriormente, haga clic en el menú Herramientas y seleccione Opciones. Si no la ha activado, haga clic con el botón derecho para desplegar el menú contextual y elija las opciones anteriores.

3. En el cuadro de diálogo Opciones, haga clic en la pestaña Copiar música desde CD.

4. Observe que el formato predeterminado de grabación es Audio de Windows Media. Haga clic en la lista desplegable y seleccione Mp3, tal y como muestra la figura 6.15.

5. Haga clic en **Aceptar**. A partir de ahora, todos los discos de audio que grabe llevarán ese formato. Si quiere volver al formato anterior, repita la operación. El formato WAV es excelente, aunque ocupa mucho espacio.

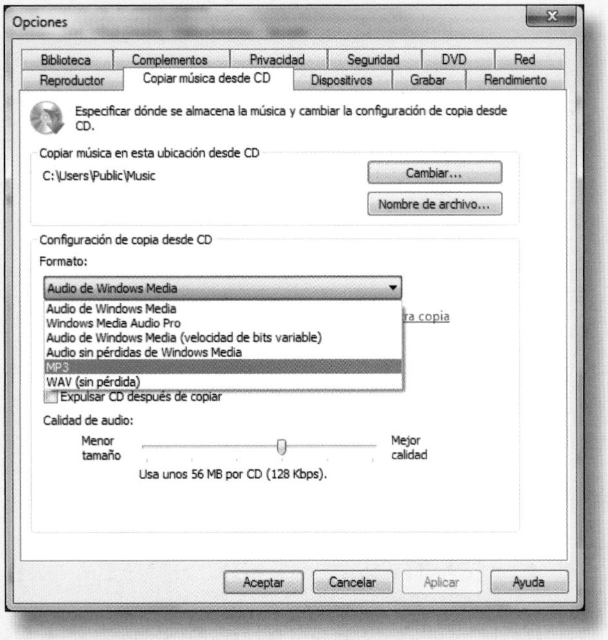

Figura 6.15. Aquí puede elegir el formato de grabación de audio.

Grabar textos, imágenes o vídeo

PRÁCTICA:

Pruebe a grabar en un disco documentos, textos, imágenes o vídeos almacenados en su ordenador:

1. Inserte un CD en blanco en la unidad de discos. Se abrirá el cuadro de diálogo Reproducción automática que vimos anteriormente.

2. Haga clic en la opción Grabar archivos en disco con el Explorador de Windows.

3. El cuadro de diálogo siguiente le permite seleccionar dos opciones:

   • La primera convertirá el disco en disco regrabable, similar a un lápiz de memoria USB y le permitirá copiar y borrar información. Pero solamente podrá leerlo en un ordenador con Windows.

   • La segunda copiará los elementos al disco y lo cerrará de forma que no pueda grabar más ni borrarlo, pero podrá utilizarlo con otros equipos. Por ejemplo, si son imágenes o vídeos, podrá verlas en un reproductor de DVD, en la pantalla del televisor. Si son archivos sonoros, como Mp3, los podrá oír en un reproductor de CD que admita Mp3.

4. Como la segunda opción viene activada de forma predeterminada, haga clic en **Siguiente** para poder continuar.

5. Se abrirá el Explorador de Windows con una ventana que indica Archivos listos para agregar al disco. Haga clic en la biblioteca o carpeta que contenga los archivos a grabar.

Figura 6.16. El cuadro para grabar archivos con Windows.

6. Cuando haya archivos en esa ventana, se activará la opción Grabar en la barra de herramientas. Haga clic en ella para iniciar la grabación. Véase la figura 6.17.

7. El programa le pedirá un nombre para el disco a grabar y le avisará cuando finalice la grabación.

Figura 6.17. Grabe vídeos o fotografías para verlos en el televisor.